中国轻工业"十四五"规划立项教材

设计构成思维实训

张 波——主编
裴 斐 姚 川 石 晶——副主编

中国轻工业出版社

图书在版编目（CIP）数据

设计构成思维实训 / 张波主编. -- 北京：中国轻工业出版社, 2024.12. -- ISBN 978-7-5184-5054-1
I. J06
中国国家版本馆CIP数据核字第20246QH769号

责任编辑：王　宁　　责任终审：李建华　　设计制作：梧桐影
策划编辑：陈　萍　　责任校对：晋　洁　　责任监印：张京华

出版发行：中国轻工业出版社（北京鲁谷东街5号，邮编：100040）
印　　刷：鸿博昊天科技有限公司
经　　销：各地新华书店
版　　次：2024年12月第1版第1次印刷
开　　本：787×1092　1/16　印张：11
字　　数：230千字
书　　号：ISBN 978-7-5184-5054-1　定价：58.00元
邮购电话：010-85119873
发行电话：010-85119832　010-85119912
网　　址：http://www.chlip.com.cn
Email：club@chlip.com.cn
版权所有　侵权必究
如发现图书残缺请与我社邮购联系调换
230825J2X101ZBW

主编

• 张 波

黑龙江建筑职业技术学院建筑系教授

东北林业大学硕士研究生毕业

全国轻工职业教育教学指导委员会家具设计与制造专业委员会委员

黑龙江省一级注册艺术设计师

中国家具行业二级家具设计师

中国建筑学会室内设计分会会员

黑龙江省艺术设计协会会员

哈尔滨市家具行业协会科学技术咨询委员会副主任

家具行业国家职业技能鉴定考评员

黑龙江省政府采购中心专家评委

哈尔滨国际家具暨木工机械展览会专家评委

教育部高等职业教育院校家具设计与制造专业教学标准制订专家组成员

教育部家具专指委中等职业学校教学标准制订专家组成员

职业教育家具设计与制造专业教学资源库子项目负责人

有多年从事设计艺术类教育教学与实践工作的经历

设计作品、教学成果、科研、微课及论文曾获国家级奖励一项，省级、市级奖励多项

主持的"设计思维实训"课程2008年荣获"省级精品课程"

主持的"设计思维实训"在线开放课程2022年荣获"省级在线精品课程"

主编《色彩构成》《设计思维训练——构成与运用》《设计构成与思维训练》等教材

主讲的"设计思维实训"课程荣获院级教学改革"示范性课程"称号

九项外观设计作品获得中华人民共和国国家知识产权局颁发的外观设计专利

指导学生参加设计大赛，多次荣获省、市级"优秀指导教师"称号

副主编

• 裴 斐

硕士学位,现为黑龙江建筑职业技术学院建筑系副教授。主持和参与多项省级科研重点课题的研究,在国家级期刊发表多篇论文,主编《室内与家具设计工程制图》《室内设计工程制图》《家具造型设计与模型制作》等教材,指导学生参加技能大赛、创新创业大赛,荣获多项国家级、省级奖项。

• 姚 川

2002年毕业于齐齐哈尔大学,获得文学学士学位。2013年毕业于东北林业大学,获得硕士学位。现为黑龙江林业职业技术学院家居工程学院教师,副教授。主持并参与多项省级教科研课题研究,发表多篇论文,编写《设计色彩》《园林规划设计》等教材,指导学生参加黑龙江省第一届职业技能大赛,荣获省级优秀教练奖。

• 石 晶

毕业于华东师范大学,硕士学位,现任教于黑龙江建筑职业技术学院艺术设计系。曾参与多项省级科研重点课题的研究,并在国家级期刊发表多篇论文,参编《包装设计与印刷技术》《展示设计》等教材,参与"包装设计""设计思维实训"精品在线开放课程的建设,曾荣获各设计大赛的多项平面类金奖。

　　《设计构成思维实训》融二维设计、色彩设计、三维设计于一体,主要解决学生在平面、色彩、立体等领域所涉及的有关创意性思维、设计方法及审美等方面的基础问题。

　　本教材源于"构成"课程,该课程经过一系列课程改革而产生。课程开发思路为:首先在纵观三大构成后,根据课程目标与学生职业能力培养需求,将原课程内容进行了解构与离析;再将原课程中必要的、最本质的内容提取出来,结合二维设计、色彩设计、三维设计等相关知识,同时融合当代典型的设计思维与方法,形成必要的学习内容;然后将必要的学习内容进行重构,使其转化为若干个课题任务,以课题训练的形式出现,创建问题情境,引导学生在完成每个课题任务的过程中,具备相应的设计思维能力、设计方法能力、审美能力、动手实践能力、沟通表达能力及团队合作精神,为后续的专业设计服务,以及为学生能够顺利步入专业设计领域夯实基础。可以说,该课程既是后续专业课程的前导性思维训练,也是职业岗位技能的初期培训。本课程于2008年荣获"省级精品课程",2022年荣获"省级在线精品课程"。

　　教材中课题训练内容采用任务驱动、项目教学法。根据不同课题任务的需要,结合必要的市场调研,将学生带进具体的工作情境中,使学生经历一个完整的工作过程。通过教师"一对一"的指导,学生在造型、色彩、材料、工艺等方面获得丰富的个人体验;在此基础上培养学生分析、总结、归纳事物的能力,进而将感受变为理性知识,使学生对成果形成过程有亲身的经历与总结。实训任务融合多种思维方法,如头脑风暴法、发散思维法、聚合思维法、逆向思维法、横向思维法、立体思维法、组合思维法、图片分析法、分组合作法等，整个内容始终贯穿着激发兴趣、游戏情境、体验感受、"教、学、做"合一的轻松氛围。

　　本教材分为三个学习单元，每个学习单元中有五个课题训练任务，其中每个课题任务都是以必须解决的问题和学生必须具备的能力为依据而设置的；同时，在最后设有若干个针对不同专业可任选的综合应用课题设计内容。

　　本教材在编写时，针对不同专业、不同设计岗位的职业能力需求，力争内容容量大、专业触及面广、动态选择空间弹性大，以便使各专业教师在考虑专业差异选择课题内容上有更多的空间、侧重点和弹性想象力。同时，为了方便学习者自主性学习及教师备课，教材中每个课题都配有在线视频资源。作为设计基础课的教材，它适用于平面设计、室内设计、工业设计、家具设计、陈设设计、装饰设计、动漫设计、园林设计、服装设计、首饰设计等有关艺术、设计类的专业。

　　本教材的创新性体现在教材内容本着以学生自主性学习、体验性学习为主体，以教师将知识融会贯通地设计出好的训练课题为主导。在设计课题时，遵循内容以点带面、难度循序渐进的原则；同时，还以积极有效地激发学生的学习兴趣，引导学生探究问题的愿望为初衷，以"授人以鱼不如授人以渔"为核心理念，使学生从被动学习向主动学习转变，使教师教学由理论知识向能力培养转变，设计思维从机械模仿向引导创新转变。

　　本教材由黑龙江建筑职业技术学院张波任主编，黑龙江建筑职业技术学院裴斐、石晶以及黑龙江林业职业技术学院姚川任副主编，黑龙江建筑职业技术学院于静参编。裴斐编写课题1~4，于静编写课题5~7，张波编写课题8~13，石晶编写课题14~17，姚川编写课题18~22。

　　巴尔扎克说："思维是打开一切宝库的钥匙，思维是创新的源头。"有了创新思维才能开始创新活动，有了创新活动才能获得创新成果。

张波
2024年5月

目录

第一单元　二维设计实训

1. 课题训练：点、线、面抽象形态的创造与组织 ················ 2
2. 课题训练：几何形的切割与重构 ································ 13
3. 课题训练：具象形态的归纳与抽象 ······························ 24
4. 课题训练：具象形态的解构与重构 ······························ 32
5. 课题训练：抽象形态的语意表达 ································· 41
6. 综合应用课题：空间留白在实物载体上的应用 ················ 50
7. 综合应用课题：形式美法则在空间界面中的应用 ············· 58

第二单元　色彩设计实训

8. 课题训练：色彩的采集与重构设计 ······························ 62
9. 课题训练：明度基调的识别与设计 ······························ 74
10. 课题训练：纯度基调的识别与设计 ····························· 80
11. 课题训练：X形上的色彩对比与调和设计 ····················· 85
12. 课题训练：四折页上的色彩情感表达设计 ····················· 94
13. 综合应用课题：个人形象的宣传手册设计 ···················· 105

第三单元　三维设计实训

14 课题训练：从平面到立体构筑半立体造型设计 ·············· 110

15 课题训练：材质的极限挑战 ·············· 117

16 课题训练：材质的置换游戏 ·············· 124

17 课题训练：从平面到立体构筑三维建筑小品设计 ·············· 128

18 课题训练：立体意象造型设计 ·············· 134

19 综合应用课题：PVC生活用品设计 ·············· 141

20 综合应用课题：灯具造型设计 ·············· 146

21 综合应用课题：瓦楞纸椅子设计 ·············· 152

22 综合应用课题：再生资源创新设计 ·············· 164

参考文献 ·············· 168

第一单元

二维设计实训

单元提要

本单元主要内容有二维设计要素——点、线、面，形式美的规律与法则，归纳与抽象的造型方法，解构与重构的造型方法，形态的语意表达，形态与空间的关系等。本单元的重点是掌握形式美的规律与法则，并使之应用于造型设计及形态与空间关系的处理中。运用点、线、面进行造型，并结合空间关系的组织对一定的语意进行准确表达，是本单元的难点。学生应对每个课题训练内容多体验、多揣摩、多推敲、多反思。因为在多次的实践过程中，总会出现意想不到的、或精益求精的、或稍纵即逝的灵感与收获。

1 课题训练 点、线、面抽象形态的创造与组织

训练内容

1. 利用工具绘制4～6张具有多种表情的点，尺寸6cm×6cm。
2. 利用工具绘制4～6张具有多种表情的线，尺寸6cm×6cm。
3. 对8cm×8cm的黑白方形分别进行重叠截取、一次切割、多次切割的操作，以体会面积与空间及图与地的转换关系。

知识要点

点、线、面的由来

点的概念、特征、表情

线的概念、特征、表情

对工具的认识

面的概念、特征与表情、图地关系

设计思维提示

游戏情境——工具的破冰行动

思政元素

尊重人类——实施人性化设计（包豪斯的三条设计原则）

训练目的

对造型的基本要素点、线、面有一定的创造与组织能力；在训练过程中尝试使用不同的工具与表现手法，拓宽对工具固有的认识；体会不同点、线、面的多种表情。

1.1 点、线、面的由来

谈到造型要素点、线、面，还得从包豪斯说起。包豪斯学院于1919年由沃尔特·格罗比乌斯（图1-1）在德国的魏玛创办，可以说它是现代设计教育的摇篮。包豪斯学院对现代艺术设计的贡献主要体现在：第一，它倡导了艺术与科学技术结合的新精神，发展了现代设计的新风格；第二，它创立了工业化时代艺术教育的基本原则和方法，为工业设计指明了发展方向；第三，包豪斯是使艺术设计作为一门独立学科而存在的里程碑。

包豪斯的产生有其独特的历史背景。英国的工业革命使得产品由手工生产演变为机械化生产，在此过程中，人们普遍追求的是大机器生产的工业效率与生产速度，而无暇顾及具有新材料、新工艺、新技术、新功能的产品与其外观产生的极其不和谐的视觉效果。就在这时，包豪斯的先驱们敏锐地发现了隐藏在繁华与速度背后的问题，及时提出

图1-1　沃尔特·格罗比乌斯

了"艺术与技术相结合"的设计理念。

包豪斯认为工业时代需要运用所有科学、技术、知识和美学的资源，来创造一个既能满足人们精神生活，又能满足人们物质生活双重需求的新环境。包豪斯不是传播任何艺术风格、体系或教条，而是把现实生活因素引入设计造型中，努力去探索一种新的理念，一种能发展创新意识的态度，最终生成一种新的生活方式。

包豪斯的办学特色如下：

①包豪斯认为艺术不是一种专门职业，艺术家与工艺技术人员并没有根本上的区别。介于这种观念，学院请来了艺术家和工厂的技师，对学生进行双轨制教学，使学生既有艺术修养，又懂得科学技术。设计作品不止停留在方案阶段，而是要有实物产出，从而体现了"设计教育应该重视技术性基础，加上艺术性创造，艺术与技术相结合"这一设计教育理念。当时，在包豪斯授课的除了一大批艺术家，如抽象艺术大师瓦西里·康定斯基和保罗·克利、表现主义画家乔治·蒙克、色彩学家约翰内斯·伊顿等，还有来自各行各业的能工巧匠。

②包豪斯学院的教学具有完备的课程体系和课程理论基础。当大部分学校的基础课程还是单纯的技术训练，没有任何理论支持与理论依据时，包豪斯则具有了严谨的"基础理论与造型—材料与工艺—设计实践"三位一体的教学体系，以此作为基础教育的支持力量。如包豪斯在迪索时期的课程就已经分成基础课部分、专业课部分和与专业相关的专门工程课程部分。基础课部分包括必修基础课（平面、立体、色彩）、辅助基础课（材料、结构）、工艺技术基础课（金属工艺、木工工艺、家具工艺、陶瓷工艺、玻璃工艺、编织工艺、墙切工艺、印刷工艺）、理论课（艺术史、哲学、设计理论）等。专业课部分包括产品设计、舞台设计、展览设计、建筑设计、平面设计等。

③包豪斯还具有超前的设计理念，这些设计理念直到如今还引导着现代艺术设计的方向。包豪斯的三条设计原则：艺术与技术的统一；设计的目的是人，而不是产品；设计必须遵循自然和客观的原则。包豪斯时期的设计作品如图1-2所示。

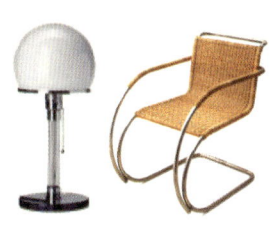

图1-2　包豪斯时期的设计作品

对于基础课程的教学，包豪斯认为艺术和科学一样，可以分解成最基本的元素来进行分析。物质可以分解为分子、原子、电子、核子等，艺术也可以分解为最简单的点、线、面等形态来进行分析与研究。就艺术而言，若把其中存在的纷杂物象均分解为最简单的点、线、面来进行研究，研究它们各自的特征、它们之间的组合关系与形式法则，岂不会产生众多分解与组合的可能性吗？岂不会创造出众多新的理想形态吗？

1.2 点的概念

点是视觉元素中最小的单位，它有大小、形态、位置、点与点之间的空间关系以及表情。

（1）点的特征

点的大小是相对的，它是与周围的关系相比较而存在的，如一艘客轮在茫茫大海中是一个点，而在人的面前则是一个庞然大物。

点的形态是相对的，可分为几何形态和自然形态。用圆规直尺画出的圆、方、三角属于几何形态；自然形态的点则千变万化，包括一枚纽扣、一颗瓜子、一个指印等。

点的位置是相对的。在一张白纸上，点的不同位置会给人带来不同的视觉感受，如图1-3所示。

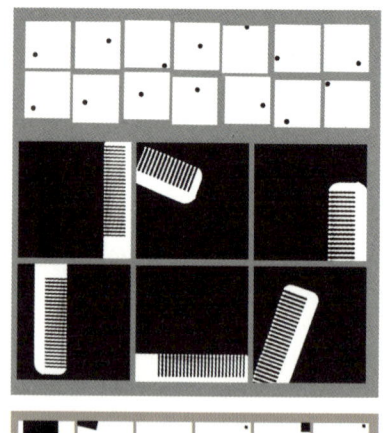

图1-3　点的不同位置

点的排列与空间组织关系也是相对的。点的横向延伸可以形成线，点的纵横延伸可以形成具有肌理感的面（肌理是物体表面的纹理，细密排列的点可造成肌理感），点的聚散排列可以形成"疏能跑马，密不插针"的疏密对比关系。

（2）点的表情

所谓表情，即带给人观感的情绪表现特征。点的不同形态在视觉上反映出不同的个性与特征。当点的大小、疏密、方向有所不同时，会展现出不同的节奏与韵律。

圆点：饱满、圆润、完美、精致、柔和。

方点：稳定、秩序、停留、规则、严谨。

三角点：稳固、尖锐、方向感、凌厉。

疏点：轻松、透气、自由。

密点：紧凑、团结、热闹。

实点：明确、肯定、实在、简洁、单纯。

虚点：微弱、虚幻、轻飘、不确定。

1.3 点的案例分析

图1-4所示画面的基本造型是四边形，由若干个相似的四边形构成。但值得一提的是，设计者将这些四边形连成了片，形成了正负形的关系，同时又赋予它们动感和疏密的对比关系，整个画面形成了"疏能跑马，密不插针"的意境。

图1-4 疏能跑马，密不插针

图1-5所示是一幅非常优秀的招贴作品，名为《2005设计天堂在杭州》。设计者运用非常巧妙的构图，将观者带入杭州最为经典的一处风景名胜——西湖。西湖最具特色的景点之一就是三潭印月，设计者虽没有再现三潭的造型，却以人脸造型来代替，意在表达设计的人性化与设计有为人服务的功能。画面上方极密的文字，表达了众多的信息。主旨文字"2005设计天堂在杭州"构成排列甚至重叠，恰到好处地使人联想到西湖岸边婀娜多姿的垂柳。在构图方面，设计者运用了"疏能跑马，密不插针"的手法，并将内容与形式结合，意境达到了极处。

图1-5 招贴作品《2005设计天堂在杭州》

1.4 线的概念

线是点移动的轨迹，它有长度、宽度、形态、方向和表情。

（1）线的特征

线可以分为直线、曲线；实线、虚线；粗线、细线；徒手画的线和用机械工具画的线等。

线与线的组织关系有平行、交接、分割、组合、密集、疏朗等。如果将线的形态、方向、位置、长度、宽度与不同线型的组织关系结合，会产生众多千变万化的造型，如图1-6和图1-7所示。

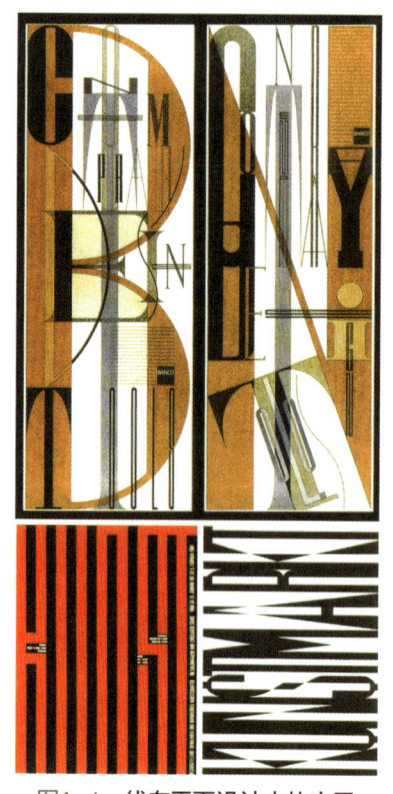

图1-6 线在平面设计中的应用

图1-7 线在标志中的应用

（2）线的表情

直线：简洁、秩序、单纯、明确、具有男性化性格特征。

水平线：安静、平和、舒展、建筑中的梁。

垂直线：挺拔、强直、严肃、建筑中的栋。

倾斜线：飞跃、向上、前进、运动、有活力、动感强。

曲线：自由、流畅、优雅、有韵律、富于女性化性格特征。

几何曲线：理性、完美、规范、单纯。

自由曲线：自然、有韧性、富于变化。

粗线：有力、豪爽、强调、厚重感。

细线：微弱、敏感、锐利、神经质。

机械工具画的线（几何直线、几何曲线）：精致、秩序、完美、弹性、简洁、肯定。

徒手画的线：个性、有人情味、随机、不确定、豪放、有张力。

1.5 线的案例分析

图1-8所示的作品可圈可点，简洁、丰富且有个性，是一幅以少胜多的作品。它的基本造型就是若干组曲线，有韧性、有力量。造型虽简洁，但设计者却运用了重叠的方式，呈现出层出不穷的层次感和丰富性，给人以丰富的联想，以少胜多。同时，在构图上采用了视觉中心在右下方的形式，呈现出非常有个性的构图。

图1-8 线的设计案例（1）

图1-9所示的作品通过众多的方形和严谨的水平、垂直关系，表达了强烈的秩序感；同时，方形由近及远的渐变关系使画面呈现出很强的空间感。该作品严谨、理性、秩序、渐变，给人的感官带来空间感、信息感、科技感。

图1-9 线的设计案例（2）

图1-10所示的作品像体操运动员手中挥舞的彩带一样，自由、韵律、动感、活泼。设计者巧妙地运用了柔美、彩带般变幻的曲线造型，通过上下交错、叠压来表达层次和前后的空间感。在构图方面，视觉中心有意控制在画面中部造型较密集处，是一幅美感极强的作品。

图1-10 线的设计案例（3）

1.6 对工具的认识

在二维的设计活动中，什么可以成为我们的造型工具呢？

游戏情境——工具的破冰行动。

游戏规则：6~8人一组，思考5分钟后，请每组同学轮流说出具有表现力的造型工具。

游戏提示：凡是能够在画面上创造出形态行为轨迹的物件，都可以成为我们的工具。

从商店里买到的常规工具：铅笔、橡皮、毛笔、颜料、炭精条、马克笔、油画棒等，如图1-11所示。

图1-11 常规工具

自己制造的工具：一节树枝、一根木棒、一把刷子、几根头发等，如图1-12所示。

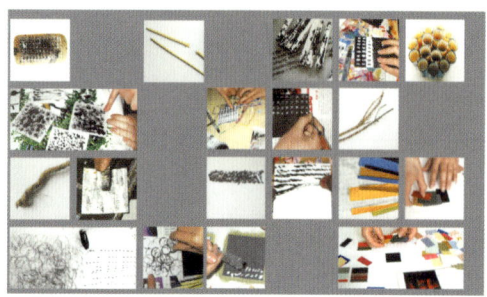

图1-12　自制工具

传统的设计方法在对工具的开发上表现出了明显的不足，不仅工具有很大的局限性，而且表现手法也往往只停留在以"画"为主的形式上，而从艺术表现的角度来说，表现手段与方式完全可以更加宽泛。

现代化工具：手机、数码相机、复印机、电脑、打印机、扫描仪、手写板等。

工具的使用方式：画、刻、拓、印、剪、贴等。

1.7　面的概念

面是线移动的轨迹，它有长度、宽度、形态、大小、位置、空间关系与表情。

（1）面的特征与表情

★**课堂快题**　在2分钟之内，用两个圆形能画出多少个不同造型的面呢？

点和线的密集可形成虚面；面与面的分离、接触、覆盖、透叠、联合、减缺、差叠、重合等组合关系可形成新的面，如图1-13所示。

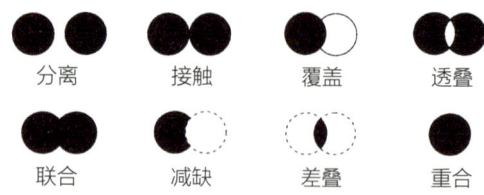

图1-13　面的组合方式

面具有充实、稳定、整体的特征，可分为几何形面、自然形面、偶然形面。

几何形面：是具有数理性的简洁形，如正方形、三角形、圆形等，具有冷静、秩序、严谨的特点。

自然形面：是不可用数学方法求得的自然形，如树叶、鹅卵石及徒手画的面等，具有自由、流畅、舒展、秩序、韵律等特点。

偶然形面：是结果无法控制的意外形，如滴落的墨迹、树上的虫眼等，具有随机、意外、个性、激情、怪异等特点。

（2）图地关系

图是空间中积极的形态，地则是支撑图的那部分空间。图与地的关系是相互依存的。图是正像，地是负像，它们是一对守恒的统一体。但图与地的关系不是一成不变的，若正像与负像的势力相当，随着视线的转移，图与地的关系是可以发生反转的。

面的大小、位置、空间关系在构图中有着举足轻重的作用，随着面的位移、一次切割、多次切割等变化，图与地也就是正像与负像，也会随之产生反转与变化。

1.8 面的案例分析

图1-14是一幅著名的作品《卢宾的杯子》,以白形为图时,呈现的是一只杯子;以黑形为图时,呈现的是两张人脸。此幅作品体现了图与地是可以反转的,以此可看出良好的构图势必是图也优化、地也优化的。

图1-14 《卢宾的杯子》

图1-15是著名设计大师埃舍尔的作品,画面上鱼和鹤的造型是一种渐变的关系,同时鱼和鹤的正像与负像也是一种图地反转的关系,具有魔术般的巧妙。

图1-15 埃舍尔的作品

1.9 训练操作提示

①对8cm×8cm的黑白方形分别进行重叠截取、一次切割、多次切割的操作,这是一个由浅入深的系列动作。

②将8cm×8cm的黑白方形纸错位重叠,截取方形;将8cm×8cm的黑白方形中的一个作为地,对另一个方形进行一次切割并移位后,完成方形截取;对两个方形中的一个进行多次切割,与另一个作为地的方形组合后,完成截取。

③这是一个简单、快速、易操作、近似游戏体验一样的练习,虽然它只用黑纸、白纸、美工刀、固体胶进行简单的切割与粘贴,但它的意义却很深远。在切割、移位、组合等动作的背后,是同学们精心的设计与经营。本课题重在使学生尝试面与面的各种组合关系及深入体会图与地的转换关系,领悟面积的变化给视觉带来的不同感受。

1.10 优秀作品赏析

优秀作品见图1-16和图1-17。

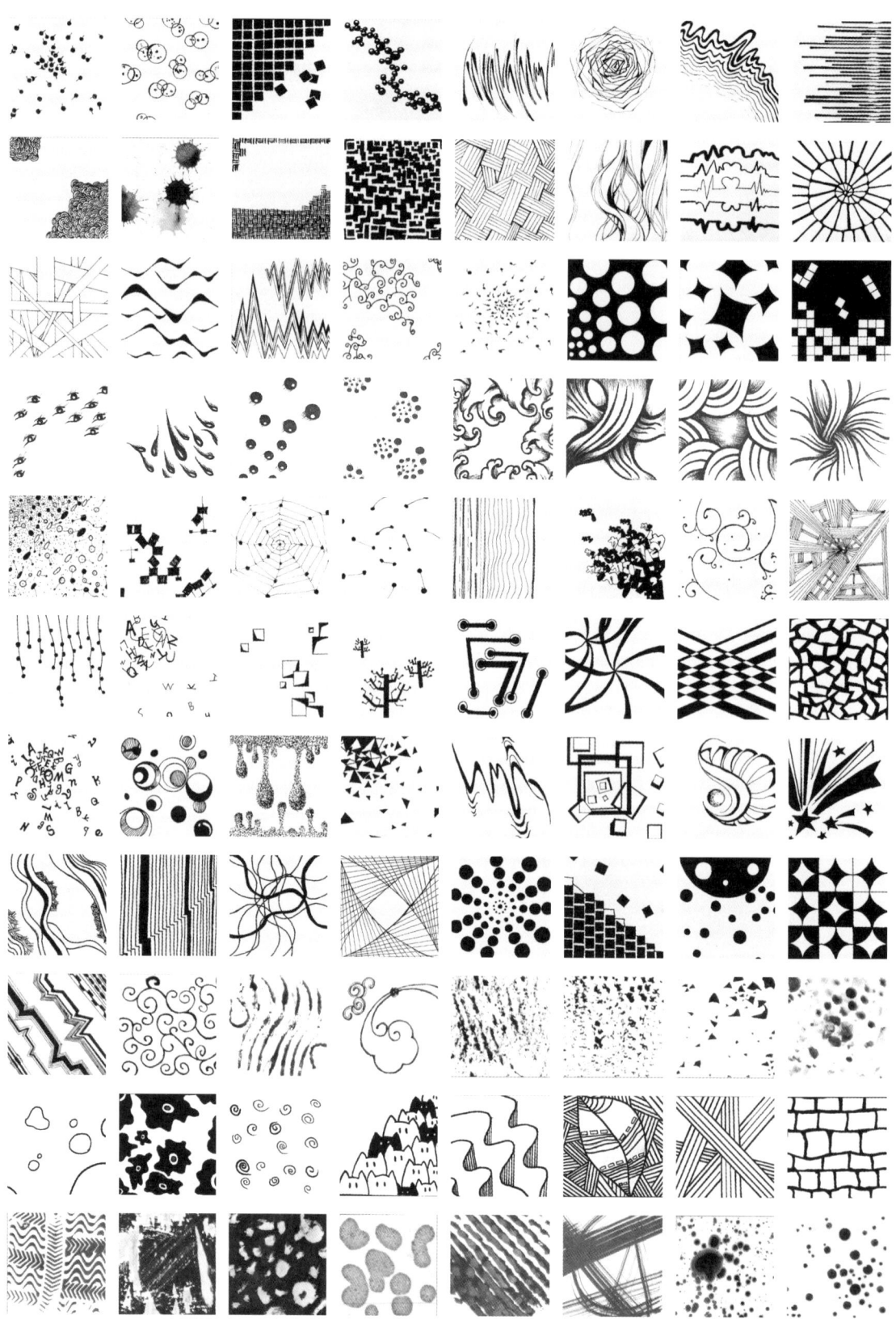

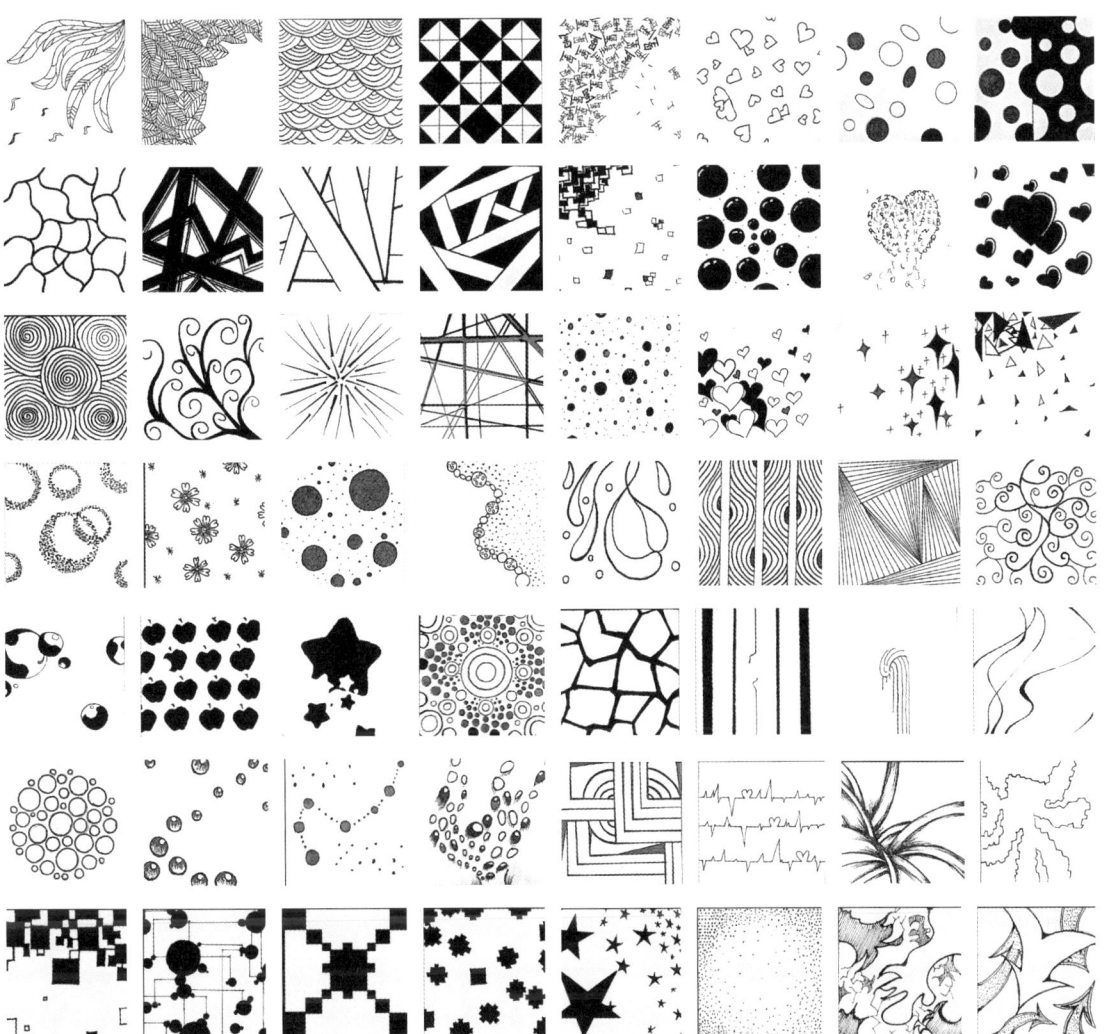

图1-16 点与线的多种表情（学生作品）

图1-17 面的多种表情（学生作品）

2 课题训练　几何形的切割与重构

训练内容

1. 选择基本几何形：3cm×3cm的正方形、直径为3cm的圆形、边长为3cm的等边三角形。
2. 利用不同手法进行切割。
3. 运用形式美的法则进行重新设计组合，通过结构重组来寻求新的形态关系。

知识要点

形式美的规律与法则

切割的手法

组合构成的方式

设计思维提示

偏移思维

将切割、重组设计引申为标志的一种表现形式

思政元素

敬畏自然——发现自然之美（形式美的规律与法则）

训练目的

掌握切割与重构的造型方法；在设计的过程中学会运用形式美的法则进行造型；能够将重构图形引申为抽象标志。

2.1 形式美的规律与法则

一般而言，形式美是指自然、生活、艺术中的各种形式因素（色彩、线条、形体、声音、影像）有规律地组合所产生的美感。它是人们在长期的生产生活过程中，发现美、探究美，对美的形式规律的总结、归纳和概括。

形式美依靠形式本身引发人们的审美感受，提炼出美的形式原理和法则，形成了特定的美的意义。

从事视觉设计的人，首先要了解大众对美的普遍认知，并应用于设计中满足人们的审美需求，这是所有设计师最基本的任务。假若设计师能在这一基础上探究更有突破性的设计手法，则为创新。但这要建立在对普遍性、通识性审美规律的认知基础上。人们将众多具有美感的规律提炼总结出来，主要包含以下几点。

（1）对称与均衡

大自然中的一片叶子、一只蝴蝶、一颗果实、一穗麦子、动物和人体的外形以及人工创造的大型建筑、室内家具、生活用品及手机电脑等，对称的形式比比皆是，如图2-1所示。

图2-1　对称

实际上，人们把对称视为形式美法则，是因为在大自然中存在许多对称的现象，人体首先为人类审美提供了一种标准。人们在对自然及审美对象的长期观察中，发现了对称所具有的美感，即外观静态对称、内在动态平衡。

对称是通过轴线或依支点相对端的同形同量形成的一种平衡状态，是一种普遍存在的造物现象。如西方古典建筑（图2-2）和中国古代皇家建筑（图2-3），多采用对称形式；紫禁城中间贯穿太和殿、中和殿、保和殿的汉白玉甬道，堪称龙脉，是整个皇城乃至老北京城的中轴线，大型建筑殿宇以此对称展开。

图2-2　西方古典建筑

图2-3　中国古代皇家建筑

对称形式具有稳定、秩序、规律、条理感、完美等结构特征。设计中的对称形式善于营造庄重、典雅、完美的气氛，是传统艺术中常常采用的一种设计手法。

均衡是对称结构在形式上的发展，是物体图形在假设中心线或支点两侧量的平衡关系，即左右两边的造型要素不对称，但在视觉上却不会失去平衡的感觉。如同一只老式杆秤，在提绳（即支点）的两端，物体大小不相同，但秤杆却可以处在一种水平的状态，其原理类似于力学中的力矩平衡。在设计中最典型的例子就是具有疏密关系的画面，所谓"疏能跑马，密不插针"的构图就是典型的均衡形式的呈现。

设计中的均衡形式表现为保持一种视觉和心理上的平衡状态，具有活泼、生动、富于动感的变化之美，如图2-4所示。

  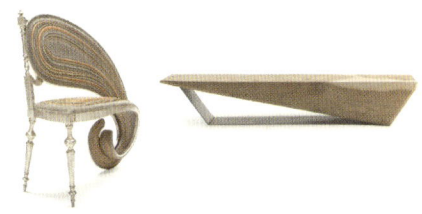

图2-4　均衡

（2）和谐与对比

大千世界，万事万物都是有联系的，没有一个孤立存在的领域。艺术也一样，只有融会贯通，才可体会到其中的和谐之美。

和谐的广义解释：各要素之间互动时，带给人整体协调的感受。

和谐的狭义解释：几种要素展现在设计当中的共通与互融，具有调和感。

对比就是强调差异性，对比关系的确立，至少需要两方或多方因素。对比是人们识别事物的主要方法，在设计中对比因素有大小、远近、曲直、虚实、强弱、明暗、疏密、正负、黑白、动静、厚薄、浓淡、轻重等。对比可求得强烈的动感效果，会使主体更为突出，如图2-5所示。

图2-5　和谐与对比

和谐与对比是相呼应的矛盾统一体。和谐就是强调形象的近似性、共性，具有安定感、整体感。对比中求得和谐、和谐中求得对比，实质上就是调和的过程。

如何在对比中求得调和？方法如下：

①在对比中加入渐变、递进关系。

②在对比中加入共同因素，使对比双方或多方具有共同点。

③在对比关系中，寻找并确定主要因素，使其成为强势，弱化其他因素。

（3）节奏与韵律

节奏与韵律是音乐中的术语，节奏在音乐中是节拍的重复。大自然春夏秋冬四季的变更周而复始，具有节奏感；植物的叶片交错生长、花瓣一层一层地绽放，具有节奏感；石子落入水中，荡开一圈圈涟漪，具有节奏感；石子打在水面上产生渐次变化，同样也具有节奏感。也就是说，有规律的重复与变化都能给人以节奏美的感受，如图2-6所示。

图2-6　节奏

设计中的节奏是条理与反复组织规律的具体体现，是由一个或一组要素为单位，进行重复、渐变的排列，形成有秩序的美感。设计的节奏感可体现在形态的大小、空间、肌理等不同的变化中，使设计更具灵动感。

韵律是在节奏的基础上使形态具有高低错落、强弱起伏、抑扬顿挫的变化，进而展现出律动、韵味与情调。韵律具有优雅、舒展、柔美、抒情的美感，也具有激昂、奔放得如同交响乐一样的律动，如图2-7所示。

在视觉艺术设计当中，节奏与韵律指的是借用视听艺术的特点，来表现造型艺术中时空关系及动态变化的运动美感。画面中大小、强弱、明暗、色彩等感觉都可以通过节奏和韵律来展现。

图2-7　韵律

（4）比例与分割

比例是物体与物体、物体与环境、局部与整体、局部与局部之间的关系。古希腊时期的学者们认为"美是和谐与比例"，比例包括黄金比、等差数列比、等比数列比等。其中黄金比，又称黄金分割，它来自人们对大自然造物中贝壳美感的认知与提取，是指将整体一分为二，较大部分与整体部分的比例等于较小部分与较大部分的比例，其比值约为0.618，这个比例被公认为是最能引起美感的比例。卢浮宫镇馆三宝之一的断臂维纳斯像，之所以那么具有美感和超凡的艺术价值，其中的原因之一就是维纳斯的人体比例符合0.618的黄金比。而达·芬奇笔下具有神秘笑容的蒙娜丽莎，从手臂到头部的构图比例关系也奇妙地符合黄金比。这样的例子不胜枚举，如米隆创作的掷铁饼者，以及苹果手机的标志等。比例具有科学性，给人以严谨、规范、完美、理性、秩序的感受，如图2-8所示。

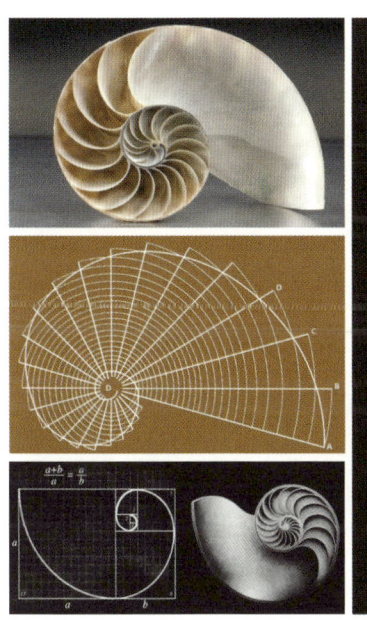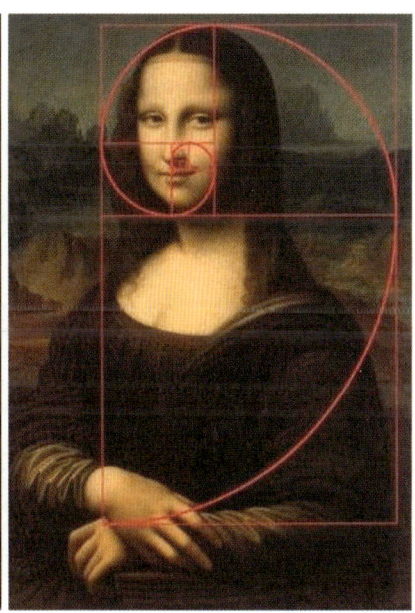

图2-8　比例

分割是在比例的基础上对画面进行有意识的切分，它对于形成设计秩序感、节奏感、规律性、运动性和美感都起着至关重要的作用。在画面中，有限空间的合理分割会使形象更集中，更富有条理性，如图2-9所示。

分割一般分为两类：自由分割和数列分割。

自由分割建立在没有秩序规则的基础上，自由发挥、随意分割，画面生动活泼。

数列分割是利用点、线、面划分，运用数学关系进行推算，创造出来自数列的具有节奏感的分割，其中最常见的是等分割和渐变分割。

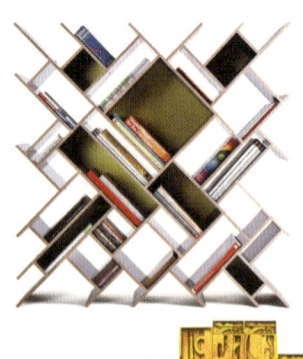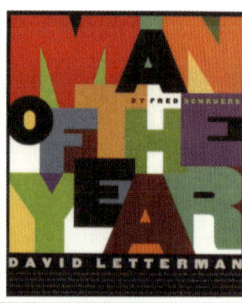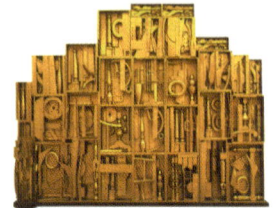

图2-9 分割

等分割：运用垂直线（水平线、斜线）将空间二等分、三等分、四等分……秩序感较强。

渐变分割：分割线的间距采用逐渐增大或减小的变化形式，节奏感较强。

需要注意的是，过于强调数字化的分割会使画面显得冷漠、机械、呆板、工业化。

（5）稳定与轻巧

稳定包括物质形态在物理范畴中的稳定性和在视觉心理上的稳定感。古埃及的金字塔、北京的天坛均具有稳定、牢固、肯定的静态美，如图2-10所示。但大体量的物象过于稳定易产生笨重的压抑感。

图2-10 稳定

轻巧给人以灵动、轻盈、活泼、欢快、轻松、秀丽的印象。如体操运动员轻盈的身姿，它更像是艺术，给人以美的享受；在T型台上展示各种风格的身材高挑的时装模特，由于她们的人体比例符合黄金比，所以总有轻巧、灵动、拉风的感觉，如图2-11所示。但过于轻巧则会显得晃动、摇摆、不安定。

造成形态稳定或轻巧的因素是什么？

①重心的高低是影响稳定与轻巧的重要因素。

②形态底部与地面接触面的大小也直接影响稳定与轻巧感的形成，如图2-12所示。

（6）仿生与模拟

任何设计师在设计初期都需要寻找设计灵感或设计来源，而自然界中的万物成了我们设计灵感的最佳源泉。庄子曰："天地有大美而不言"，也就是说大自然中蕴含着极其美妙的设计，但它隐而不宣，需要我们用一双慧眼，去寻找与发现自然中的美好。

将自然界中的原型运用到技术构造物上的方式，称为仿生学。仿生设计一般是指先从生物的现存形态受到启发，再在原理方面进行深入研究，然后应用于产品的结构与形态上的设计方法。

图2-11　轻巧

图2-12　形态底部与地面接触面的大小影响其稳定与轻巧感

按仿生设计的模仿内容分类，一般分为形态仿生、表面纹理仿生和结构仿生。

形态仿生：模仿生物体的形态来设计，如图2-13所示。

表面纹理仿生：根据生物表面纹理进行装饰设计，如图2-14所示。

结构仿生：通过研究生物体的身体结构，将其原理和形式对应地用于设计中情况类似的部分，如图2-15所示。

按仿生设计的模仿对象分类，可分为植物仿生（图2-16）、动物仿生（图2-17）、人类仿生（图2-18）。

图2-13　形态仿生

图2-14　表面纹理仿生

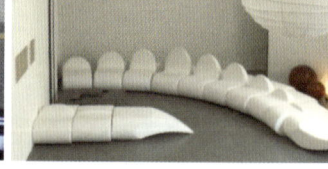

图2-15　结构仿生

图2-16　植物仿生

第一单元　二维设计实训

图2-17　动物仿生

图2-18　人类仿生

　　模拟是通过模仿某种事物的形象来寄寓、暗示、折射某种思想感情的设计手法。模拟的对象可以是人、植物、动物或其他人工造物。

　　中国北京2008年举办奥运会的主要场馆——鸟巢（图2-19），其主体钢结构编织成"鸟巢"的样式，钢桁架巨型场馆空间寄寓着中国欢迎来自世界各地运动健儿们的思想，暗示着北京是家一样温暖、有爱的地方，折射出中华民族是热情好客的民族，在这里能够充分弘扬"团结友爱、公平竞争、相互理解"的奥运精神。

图2-19　鸟巢

　　奥运会水上项目的主要场馆——水立方（图2-20），它的膜结构质地轻巧，但强

21

图2-20 水立方

度却超乎想象，延展性、耐火性、耐热性都堪称世界之最。它的设计灵感来自水分子的排列和肥皂泡天然结构的启发。水立方与鸟巢遥遥相对，暗示着中国传统文化中的天圆地方；同时，水也是传统文化中最能体现谦卑、包容、能力的象征，它能够折射出中国传统文化中上善若水、海纳百川的品行与气度。

形式美法则的含义，随着社会的发展、时代的变迁，也在与时俱进地变化。它不仅是事物形式自身特性被人们在长期实践中发现认知创造的，也是人们的审美需要所造就的、更新的产物。在设计过程中，要学会恰到好处、灵活地运用这些法则，但不要完全照搬照抄，拘泥于此。

2.2 切割的手法

切割常用的手法一般为：切、挖、镂等，可利用直线、曲线、弧线、圆来切割、挖、镂空。

在做几何形切割的时候，要考虑切割后的单形，使其清晰、醒目、独立性强。

切割的次数要视情况而定，不宜过多。次数多少及形式变化会影响整体形象和视觉冲击力。

切割过程中，要联想到下一步骤——组合构成，做到衔接有序。

（1）组合构成的方式

组合构成最常见的方式有以下几种：分离、错位、反转、减缺、透叠。

通常在一个设计中，各种组合方式是结合应用的，但注意切割重构后的图形应具备整体的形式美感。

（2）设计思维提示——偏移思维

本课题可使用偏移思维，它是创造性思维的一种重要形式，指思维打破常规路径，绕过主流思路，从侧面寻求问题的解。它是在思想深处强迫自己换轨，将思维的焦点从中心位置向边缘稍作偏移，适用于设计过程中感觉思维枯竭的时候。

2.3 训练操作提示

①在分割组合过程中，为便于尝试分割、组合的各种可能，可采用纸卡进行自由剪切与分割组合，在尝试与摆弄的过程中产生最终的理想形态。

②学会利用不同的线进行分割，如直

线、曲线、折线等。

③分割手法要灵活多变，不拘泥于一种手法，但也不必追求过多繁复的分割。变化要有序，形象要统一。

④注重形式美法则的运用，造型简洁、有个性。

⑤设计过程中视情况而定，重组时切割的单形可以保留全部、保留一部分或全舍弃。

⑥在此课题训练中，应了解几何形的切割与重构也是标志设计的一种方式，要注意设计意图和理念的综合运用，如图2-21所示。

2.4 优秀作品赏析

优秀作品见图2-22。

图2-21　切割与重构在标志设计中的应用

图2-22　几何形的切割与重构（学生作品）

3 课题训练　具象形态的归纳与抽象

训练内容

1. 在自然界中寻找与搜集一个喜爱的物品。
2. 经过对该物品各个角度的观察—写生—归纳—抽象，创作若干个概括、简练、抽象的造型。
3. 将其中2～4个理想的形态以墨线的形式进行精细描绘或群化处理，将其引申为标志。

知识要点

　　形的概念
　　形态的分类
　　归纳与抽象的步骤与方法
　　形的群化、近似以及特异构成

设计思维提示

　　搜集—观察—写生—归纳—抽象

思政元素

　　崇尚原创——遵从设计规律（归纳与抽象的步骤与方法）

训练目的

　　在实际的训练中，了解原创造型的方法与步骤，经历从具象造型到抽象造型、从写生到设计的过程；提高对造型概括、归纳、抽象的能力，并将造型引申为标志的表现形式；掌握画面的组织与构图方法。

3.1　形的概念

　　形，象形也，特定事物或物质的一种存在或表现形式。

　　广义上理解，形是任何可视形态的总称。

　　狭义上理解，形即特定具体的形状、形体、形态、形象等。

　　形状：指物体的外貌，如方形、圆形、星形等二维的形状。

　　形体：指三维空间中的立体造型单位，如四面体、六面体、十二面体、二十面体等。

　　形态：除了具有形状、形体的外观特征外，还有神态、姿态之意，反映了人对事物的主观感受，更多地表达了情感因素，赋予了"形"以一种生命力，是我们主要的研究对象。另外，形态还有动态的属性。

3.2 形态的分类

按创造方式分,形态可分为自然形态和人工形态。

自然形态是大自然的造物,它是独立于人的意识之外而存在的客观物,人类自身也是自然形态的一部分。自然形态可分为以下类型:地理形态,包括地形、地貌、陆地、海洋、沙漠等;生物形态,包括动物、植物、微生物等自然界中有生命的物体;能源形态,包括水、火、气、光、结晶体等。

人工形态是人工所造的形态,它是由于人的愿望和意志而进行创造活动所制造的物品形态,包括建筑、服饰、家具、器物、生活用品、交通工具等,也包括制造这一切的工具,同时还包括绘画、艺术等精神产品,也可称作人文形态。

按形的特征分,形态可分为具象形态、抽象形态、偶然形态。

具象形态:是在视觉经验的基础上对自然物象进行忠实再现的形态。

抽象形态:是指从自然物象中归纳、提取出最本质的属性而形成的形态,包括有机形态和无机形态。

有机形态即有生命性的形态,是具体形象的高度概括与生动表现,保留部分原物象的基本特征,如毕加索作品中的牛(图3-1)。

无机形态即几何形态,是脱离原物象自然痕迹的形态,具有简洁的特点,如蒙德里安的冷抽象作品(图3-2)和康定斯基的热抽象作品(图3-3)。

图3-1　毕加索作品中的牛

图3-2　蒙德里安的冷抽象作品及设计应用

图3-3　康定斯基的热抽象作品

偶然形态：偶然间得到的形态，自然、意外、有个性，如一滴墨迹。

3.3 案例分析

图3-4所示的《红、黄、蓝的构成》是蒙德里安几何抽象风格的代表作之一。设计师以红、黄、蓝三原色大胆地应用于秩序的格子中，形成非常简洁且色度极为饱和的画面。巧妙的分割与组合，使之成为一个有节奏、有动感的画面，从而实现了设计师的几何抽象原则。设计师将其运用到建筑设计、室内设计、家具设计、服装设计当中，展现了抽象艺术特有的简约、鲜活的气质。

图3-4 《红、黄、蓝的构成》

3.4 归纳与抽象的步骤与方法

归纳与抽象是设计中一种重要的原创造型方法，它要求设计者根据自身的感受来创作作品，而非抄袭、挪用、仿作、雷同。这种方法适用于设计、音乐、舞蹈等艺术。

香梨的滋味，来自果实与口腔的接触，而不在于果肉本身。作为设计师应勇于尝试、体会与创作。

◎ 步骤一：搜集

在自然界中寻找与搜集喜爱的物品。要求搜集的物品具有美感，非人工形态，易写生、变形，如昆虫、贝壳、植物等。大自然的造物实在奇妙，所谓"一花一世界，一树一菩提"，许多设计师的灵感都是受大自然的启示，故此我们也需要向大自然学习。

◎ 步骤二：观察

观察不是走马观花式的被动观看，而是要用"心"凝"神"去感悟。观察的目的主要是从对象的表象中挖掘美的形式和特点，以此作为创作的源泉。我们可以抓住瞬间的感受，将其记录、表现出来；也可以长时间深入地观察，从不同角度获得事物内在造型的美感，进而从容地写生与变化。

◎ 步骤三：写生

写生是观察的记录，变化的依据。写生的目的是了解与掌握物品各个角度外形、肌理、结构及内在的特征。写生可以从各个角度进行整体描画，也可以只画物品最具特征的局部。写生可采用慢写与速写两种方式，慢写的时间较长，较为深入；速写则可10分钟、5分钟、2分钟、1分钟各画一张，时间越短越容易集中精力，抓住物品最主要的特征。

◎步骤四：归纳

归纳是在写生的基础上有所取舍、有所简化与概括，也就是将主要表现的部分突出与强化，将次要的部分大胆删减与舍弃。

◎步骤五：抽象

如果说归纳的形态还是有机形态（有生命性、具体形象的生动表现）的话，那么经过此步骤的形态则属于无机形态，它更具机械感，趋向于简洁与几何化。

如果将归纳的形与抽象的形再加以整理与完善的话，那么完全可以将其引申为标志的一种表现形式。如添加文字与衬托形态等可获得标志图形（图3-5）；又如将抽象形态做群化处理，也可获得标志图形（图3-6）。

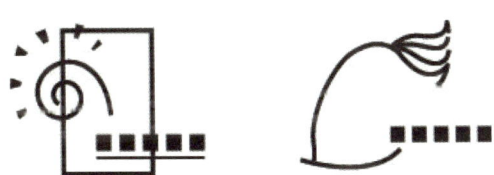

图3-5　添加文字与衬托形态获得标志图形

图3-6　将抽象形态做群化处理获得标志图形

3.5　形的群化

形的群化是标志设计中常用的一种手法，它是将基本形按照一定的构成形式进行排列，进而得到的新形。首先，要求基本形要简练，轮廓要概括、整体、具有一定的独立性。然后，可以对基本形进行增减、分割、叠加、扩大、缩小、繁殖等造型，使形态产生无穷的变化。

3.6　形的近似

形的近似是指基本形的相似性。自然界找不出两朵相同的花。的确，在自然界中两个完全一样的造型实属罕见，但近似的形态却无处不在，如指纹、叶子等。又如，本课题训练中创造出的所有形态都是根据一个原形进行变化进而得到的，它们均属于近似形。以近似形构成的画面既统一、整体，又富于变化，如图3-7所示。

图3-7　形的近似

3.7 特异构成

特异是指在规律化的重复中刻意突变。所谓"万绿丛中一点红",就是在同质形象中求得异质强调,以打破重复性的单调,以对比的形式突出画面中的视觉焦点,如图3-8所示。特异包括形态特异、骨骼特异、色彩特异、大小特异等。但在一个画面中特异点与特异形式不宜过多使用。

图3-8 特异构成

3.8 优秀作品赏析

优秀作品见图3-9。

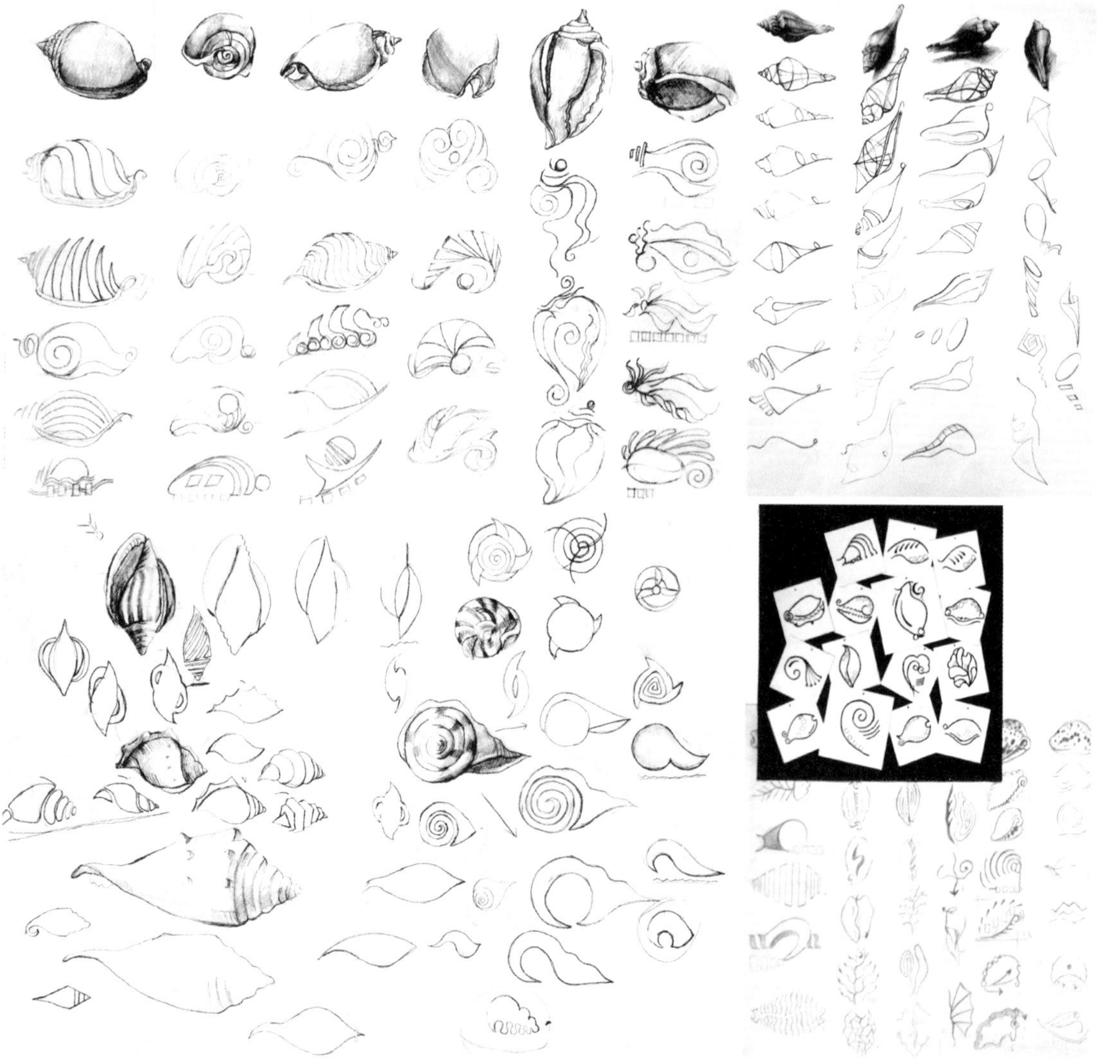

第一单元　二维设计实训

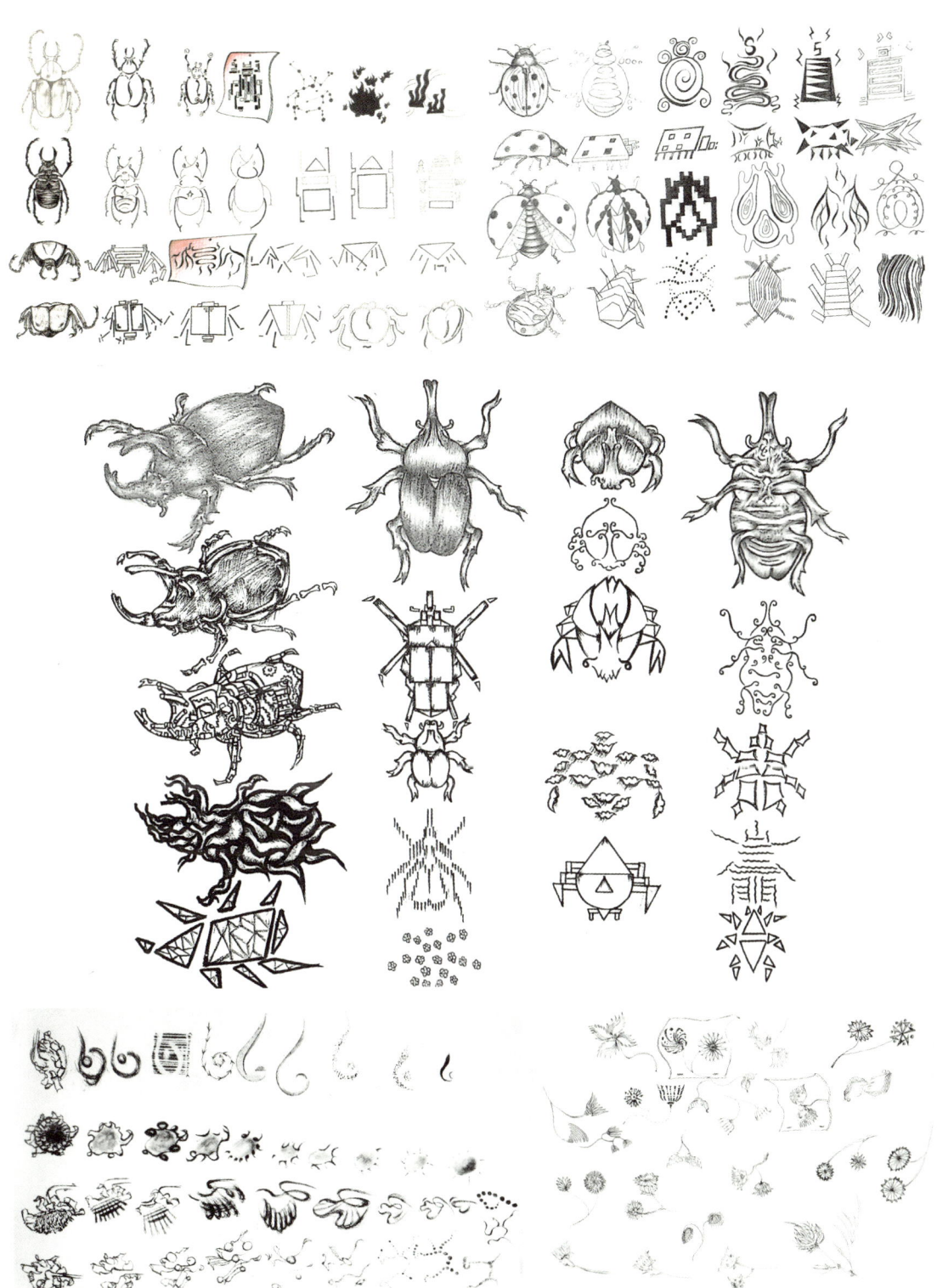

29

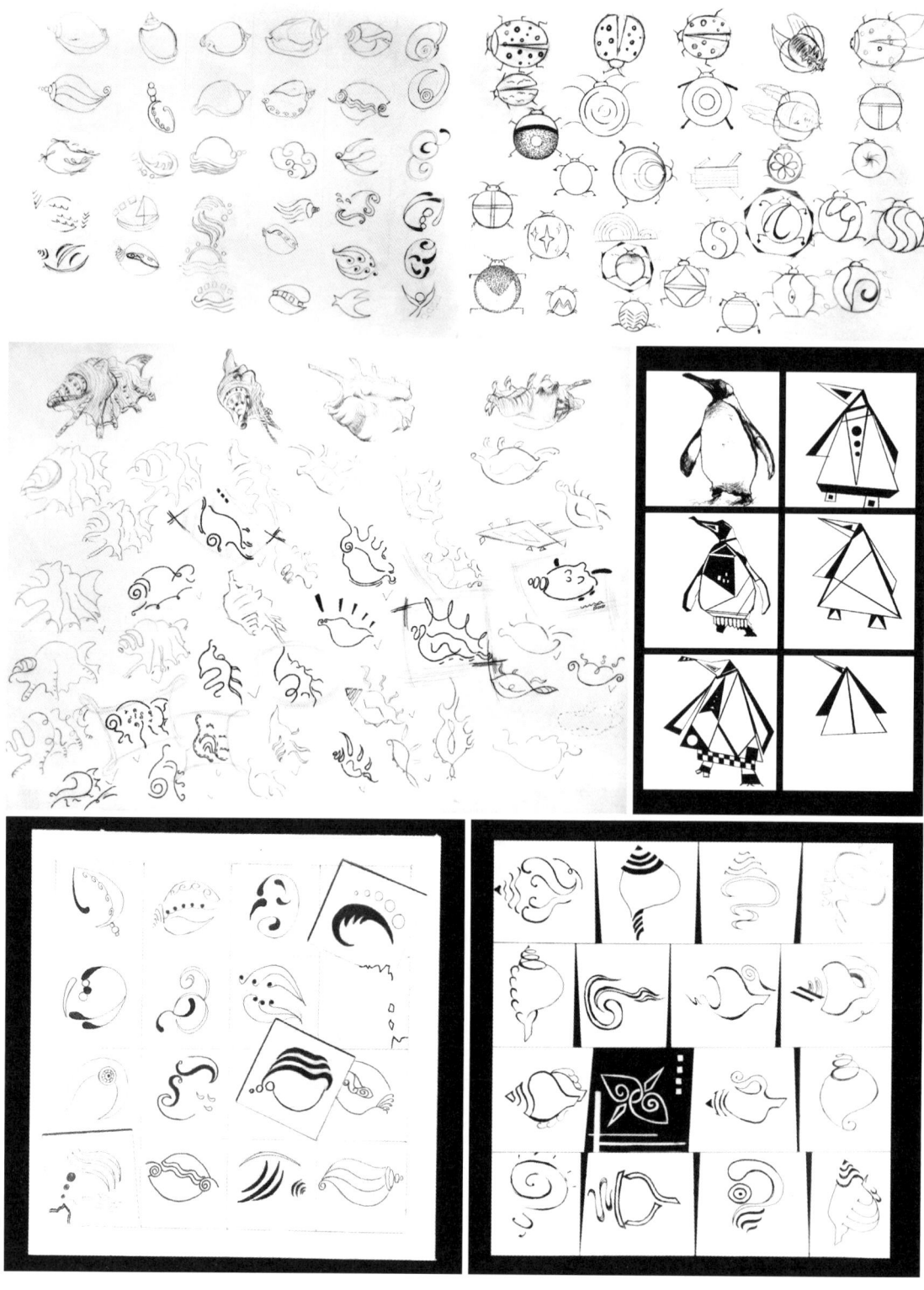

图3-9 具象形态的归纳与抽象(学生作品)

4 课题训练 具象形态的解构与重构

训练内容

1. 在自然界和生活中寻找与搜集一个喜爱的物品。
2. 对该物品进行各个角度的观察—写生—解构分析—抽象重构。
3. 以点、线、面的形式表达,创作几幅具有原物品特征的抽象画面。

知识要点

解构与解析法

解构与重构的步骤与方法

设计思维提示

搜集—观察—写生—解构分析—形态提取—重构

解析与脑地图法

思政元素

崇尚原创——掌握设计方法(解构与重构的设计方法)

训练目的

体验从具象造型到抽象造型的过程;参与从写生到设计的整个过程;培养对事物解构、分析的能力;提高对事物概括、提炼、抽象的能力;加强对画面中点、线、面组织与构图的重构能力。

4.1 解构与解析法

解构主义产生于二十世纪人类哲学、科学、社会领域所发生的深刻变化之中,它的出现略早于后现代主义设计思潮的形成,但二者在意识形态上有相似之处。解构主义反对教条、僵化,强调动态、变化、无中心、个性。

解构:原意为分解、消解、拆解、揭示等,它是后现代艺术家偏爱的一种演绎设计方法。化解、消解结构与建构相对。

解析法:源于数学中解析几何的一种思维方法。

从设计的角度理解,解构与解析法就是将一个视觉要素,经过观察分析,在设计的过程中拆分成几个要点,然后再将这些要点整合,用非逻辑的形式重构起来。

4.2 解构与重构的步骤与方法

◎**步骤一:搜集**

从自然界或生活中寻找自己喜爱、有特色、适合造型的素材,以便创作使用,如图4-1所示。

第一单元　二维设计实训

◎步骤二：观察

　　主动、有意识、细心、敏锐地去感受和观察搜集的素材，训练自己多角度的观察力和细微的洞察力。

◎步骤三：写生

　　根据需要，直接面对素材，用传统绘画写实技巧或多角度速写进行描绘。

◎步骤四：解构分析

　　从形状方面，分析各个角度造型和外形轮廓的变化；从比例方面，分析各个角度形态的比例关系；从肌理方面，分析不同肌理、色泽、花纹和视觉触感的特征；从结构方面，分析形态内部构造、连接形式；从特征方面，分析形态典型的特点、独特的个性；从意境方面，分析素材呈现的张力、态势和独有的气息；从环境方面，分析生存的环境、周边的物象、共生的物种等。

◎步骤五：形态提取

　　简洁化——概括提炼、去粗取精；层次化——主次分明、适度夸张；个性化——保留原物品鲜明特征；抽象化——点、线、面元素重组。

◎步骤六：重构

　　重构是将打散的形态按形式美的法则重新构图、组织画面。构图是造型艺术的术语，它指根据设计题材和主题思想的要求，把要表现的形象适当地组织起来，构成一个协调完整的画面，如图4-2至图4-4所示。

图4-1　素材

33

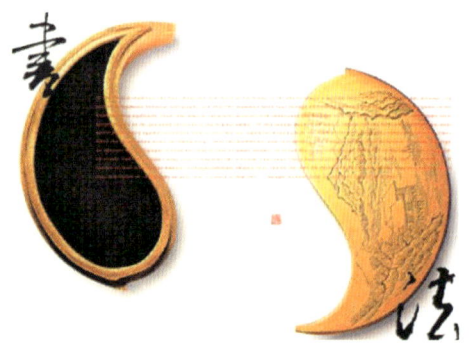

图4-2 对称构图

图4-3 对角线构图

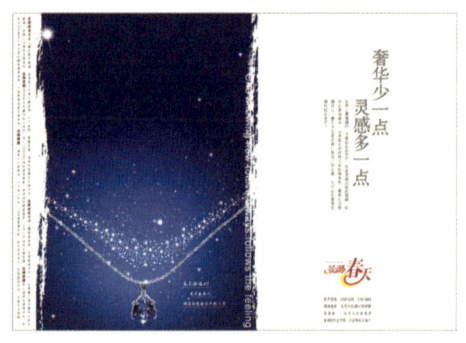

图4-4 对称与均衡构图

形态重新构图与画面组织的主要目的是在一个二维平面上处理好形态与空间、形态与形态之间的关系，使其大小、曲直、虚实、疏密、层次、对比、连贯、呼应等因素合理得当，从而更好地突出主题，增强形式美感与艺术的感染力。构图处理是否得当、是否新颖，对于二维设计作品来说是不容忽视的重要问题。

4.3 解析与脑地图法

解析与脑地图法是通过对目标事物进行解构分析制作出的像地图一样的图表。如以贝壳为解析的逻辑起点，沿着形状、比例、肌理、结构、特征、意境、环境等不同路径延展思维，以绘制涂鸦的形式边写边画，文字结合图形呈现对贝壳的解构分析。解析与脑地图法能使解决问题的方案集中在某几个关键点上，它是一种典型的、具体的、可操作的方法，可以3～6人为小组进行，适用于各类专业设计的创意过程，是一种行之有效的设计思维方法。

★**课堂游戏** 每组4～6人，一组一个主题。根据选定的创作题材边写边画，锻炼解析思维能力。

4.4 训练操作提示

①搜集物品时，要将其形态、结构、颜

色、触感、体面关系等问题考虑进去，尽量多元化。

②建议以小组为单位对所选物品用解析与脑地图法进行绘制，一定会带来更多的启发与帮助。

③写生是更加细致入微地观察事物的最好途径之一。

④灵活运用解析法。打散重构的过程中，有时需要理性逻辑分析，有时需要感性认识，应灵活掌握，让分解的过程游刃有余，重构的过程新鲜刺激。

⑤进行重构设计时，注意形式美法则的灵活运用，讲究构图。

4.5 优秀作品赏析

优秀作品见图4-5，更多作品可扫描二维码查看。

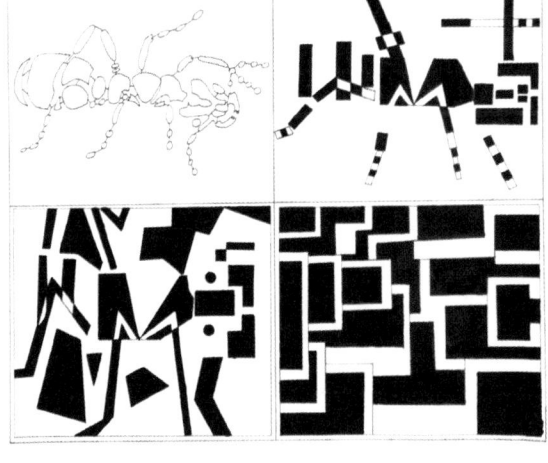

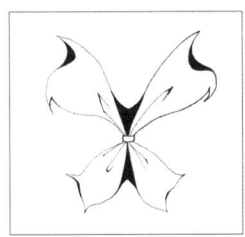

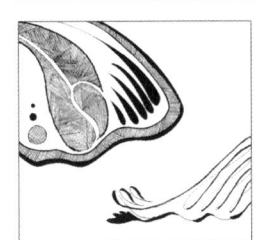

设计构成思维实训

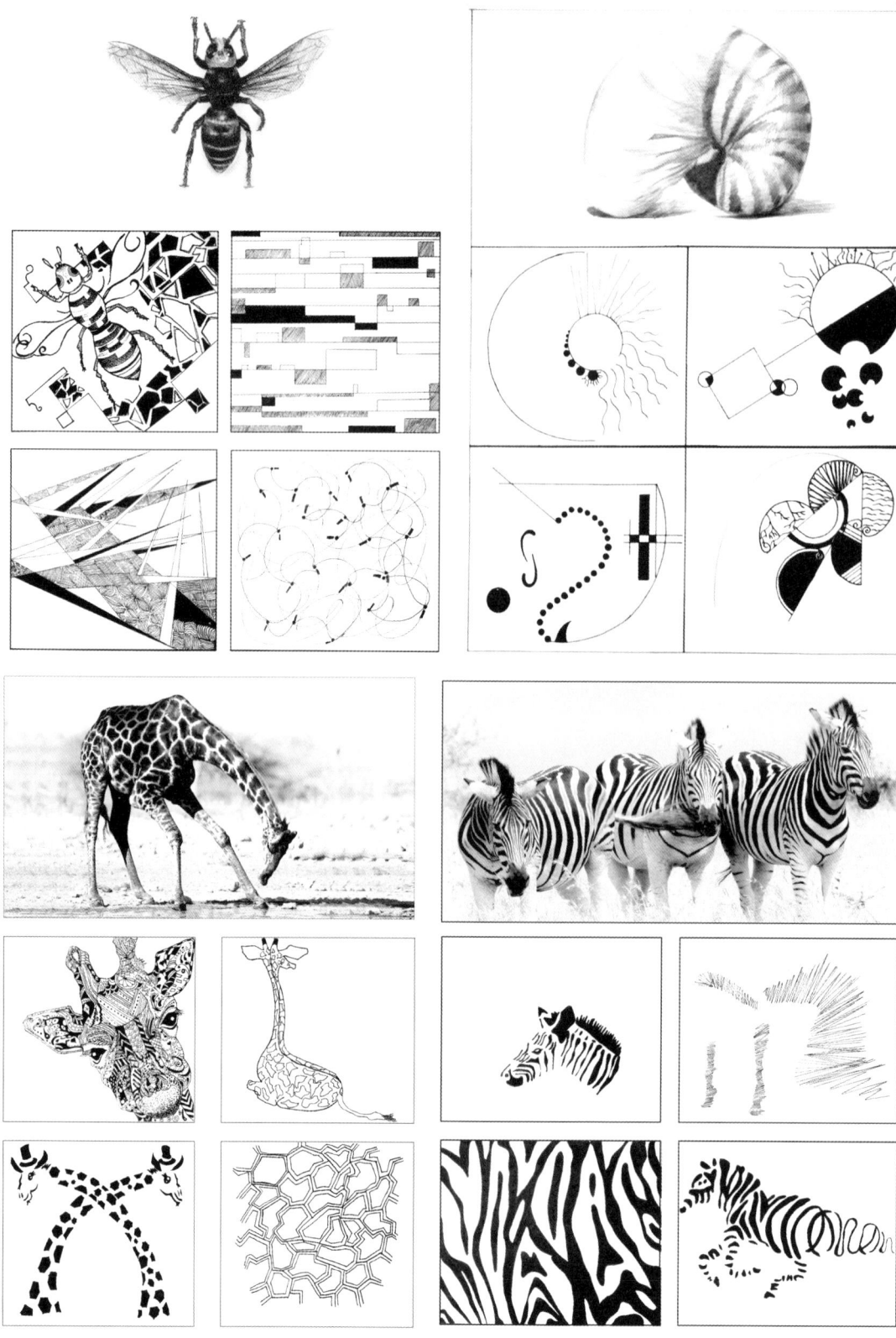

第一单元　二维设计实训

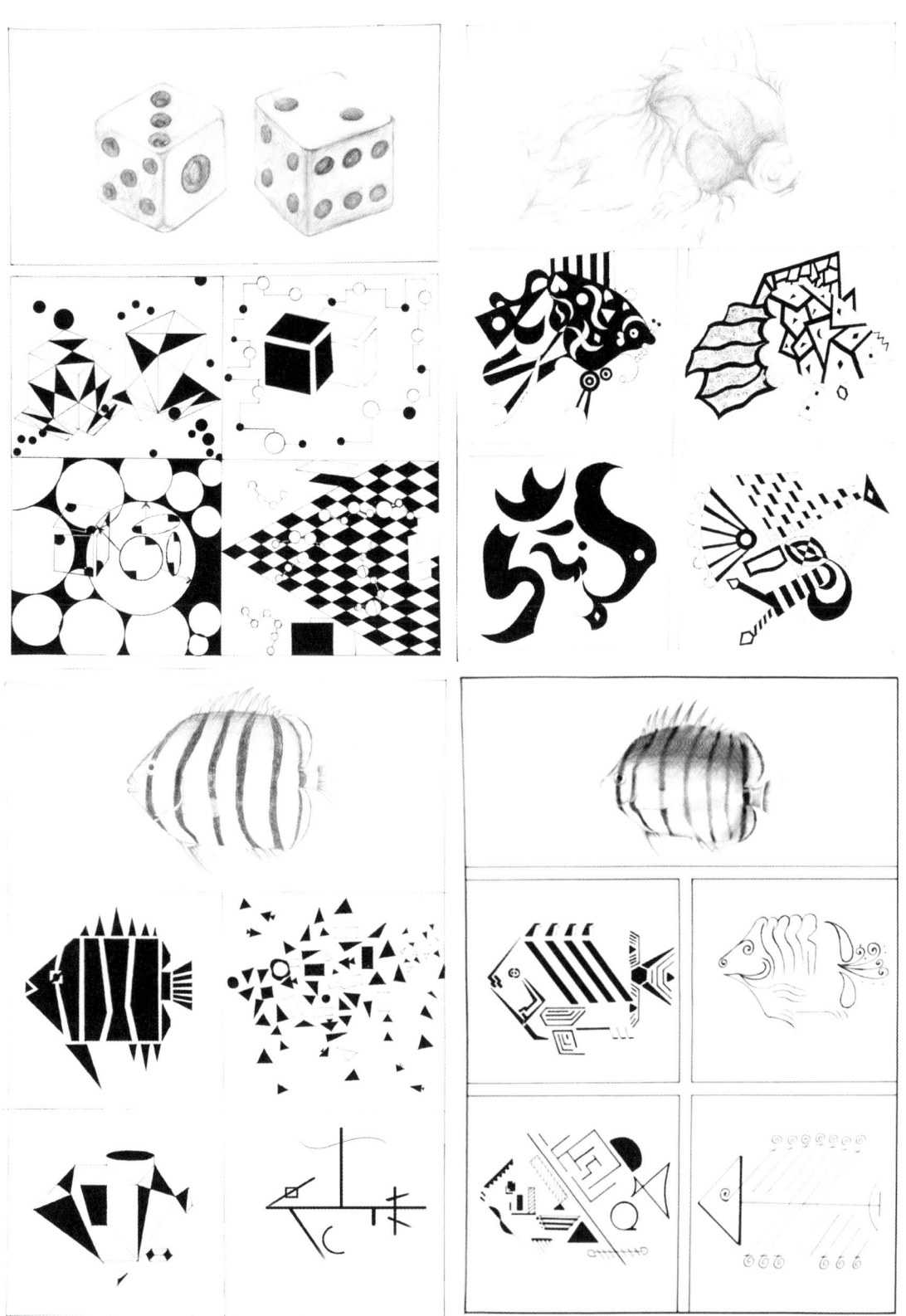

37

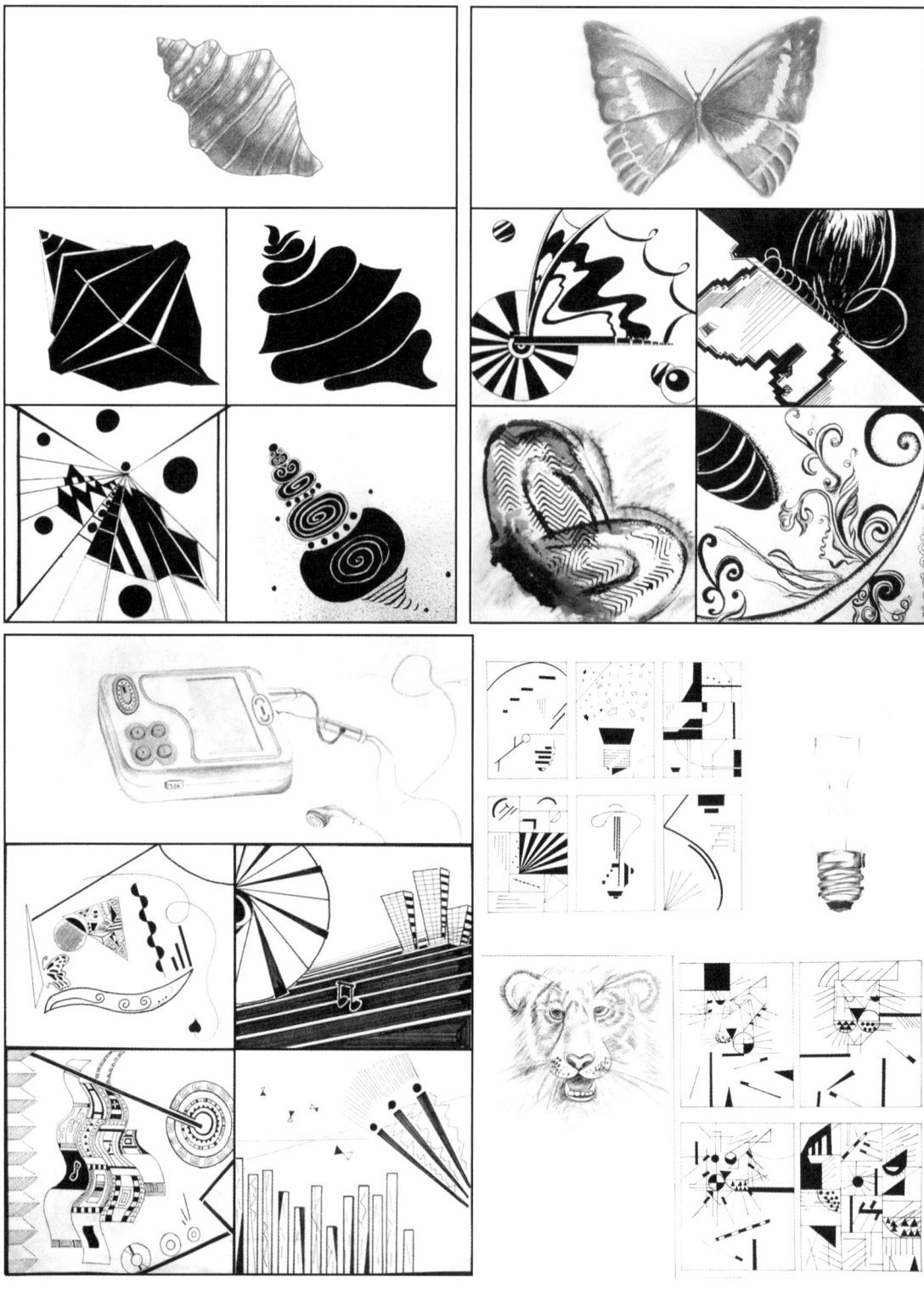

第一单元　二维设计实训

39

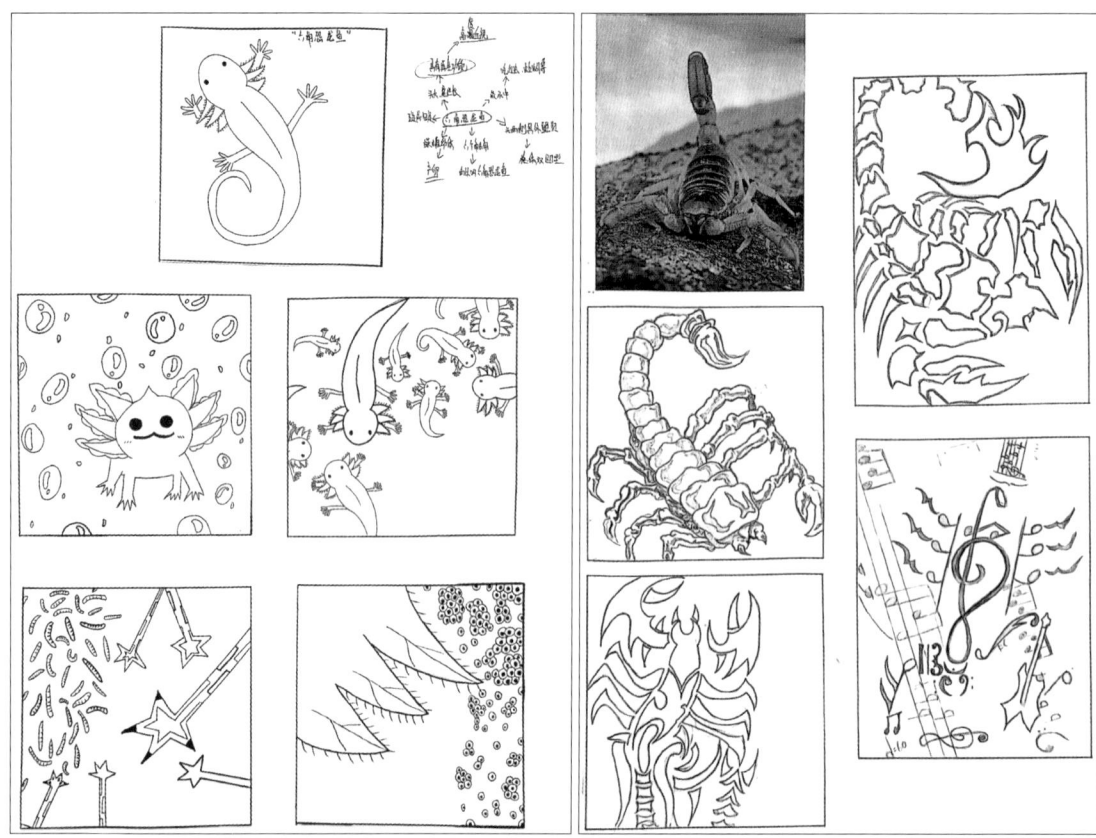

图4-5 具象形态的解构与重构（学生作品）

5 课题训练　抽象形态的语意表达

训练内容

1. 利用点的组合，表达一定的语意，达意准确，如聚散的点、强弱的点。
2. 利用线的组合，表达一定的语意，达意准确，如秩序与喧哗的线、优雅与粗俗的线。
3. 利用点、线、面的组合进行主题性创作，达意准确，如时尚感、科技感的表达。

知识要点

形态语意
作品赏析

设计思维提示

发散思维、聚合思维、头脑风暴法

思政元素

鼓励创新——拓展创意思维（发散思维与聚合思维、头脑风暴法）

训练目的

通过此训练，提高运用抽象形态对语意进行表达的准确性、感觉的敏感度及对整个画面经营与控制的能力。

5.1 形态语意

所谓语意，即语言的意境。

形态语意即利用点、线、面等抽象形态，对一定的语言意境进行诠释、图示、表达与展现，如图5-1所示。

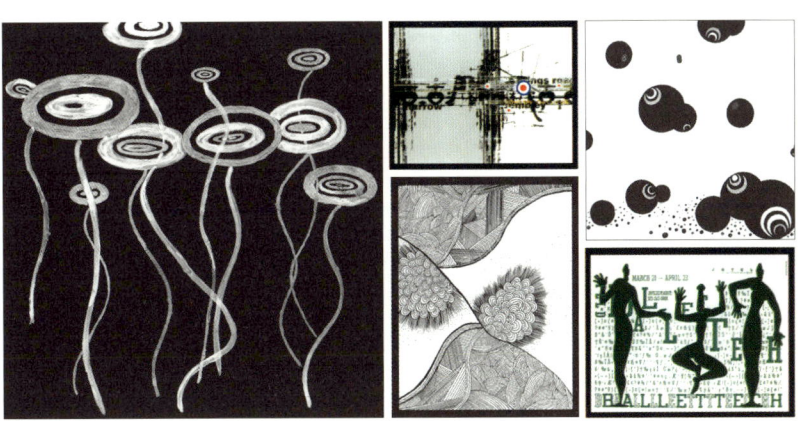

图5-1　抽象形态的语意表达

5.2 案例分析

图5-2所示作品名为《坠落》。从画面中可以看出一股强大的、有明确方向感的力量自上而下坠落。在画面中，我们似乎能听到随着这股力量呼啸而来的声音，看到碎石被激起、地面被砸出大坑的场面。尤其值得一提的是，设计者在画面上方采用了一大块黑色，这更加重了自上而下的压迫感和下坠的力量。画面中点、线、面结合，表达了强烈的态势和激情，是一幅难得的好作品。

看到图5-3所示的这幅作品你能读到什么？像是底片经历了岁月的磨砺，能发出丝丝拉拉的音效，类似老电影的片头，让你有一种怀旧感？大小不一、中英文混搭、正倒反转、前后错落、重叠交覆的文字，给你以强烈的信息感和空间感？还有画面上方垂直于画面的数条短线，有没有给你带来繁杂中的秩序感？你还能读到什么？

在图5-4所示的这幅作品中你能读到什么？像是建筑工地堆砌的钢筋？像是昆虫密集在一处堆积的长腿？还是像人们错综复杂的思绪？是的，它大致讲的是水瓶座这类人群的思维特征。就画面形式来看，通过线条粗细、密集与疏朗的关系，表达了强烈的空间感。画面虽然没有一条线是垂直或水平的，但在画面中有没有秩序的存在呢？答案是确定的，有。画面中间大的文字与下方密集形成虚面的文字，量感相似，互为倾斜的角度正好能够起到制约与平衡量感的作用。其次，画面中其他小字的安排，均是按照周围线条的态势、方向进行书写。从这幅作品中能读到思维的交织、冲突，在繁杂中求得秩序与平衡的空间感及信息感。

图5-2　《坠落》

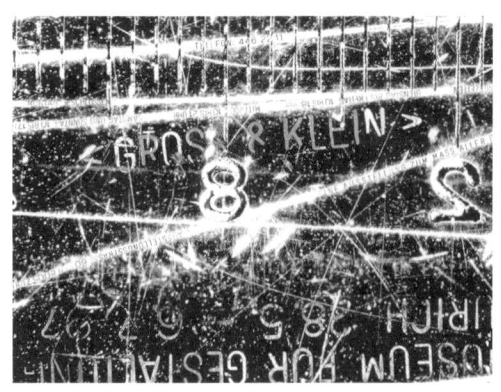

图5-3　《将要遗失的记忆》

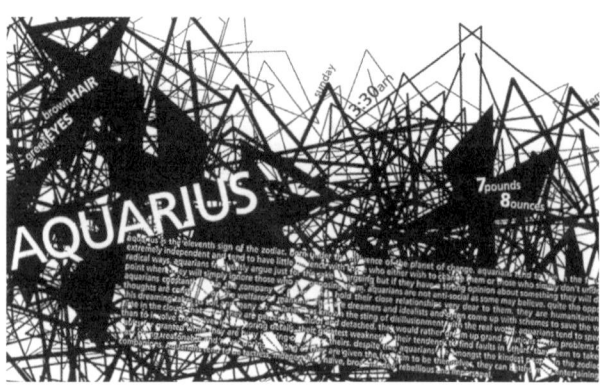

图5-4　《水瓶座》

5.3 发散思维与聚合思维

美国心理学家基尔福特认为，创造性思维有两种认知加工方式，一种是发散性认知加工方式，另一种是聚合性认知加工方式。前者在于能提出尽可能多的新设想，后者在于能从中找出最好的解决方案，二者有机结合是创造性思维的活动方式。对于科技感、运动感、时尚感等语意的表达，可采用发散思维、聚合思维及具体的操作方法即脑地图法及头脑风暴法来完成。

（1）发散思维

发散思维是指在解决问题的过程中以一个目标为出发点，不受任何规则的影响，沿着不同的思维路径、不同的思维角度，从不同的层面和不同的关系出发来考虑问题，追求思维的广阔性、扩展性，大跨度地进行联想，以求最大限度地找出解决问题的方案。

发散思维是立体的、开放型的思维，具有流畅性、多端性、灵活性、独创性和精细性等特点。发散思维通常不依常规，寻求异变，使人的思维变得宽泛、活跃、没有负担，在思维发散的过程中需要张扬设计师的知识广度和想象力。

★课堂游戏

①创意奇才——尽可能多地写出一块红砖或一支铅笔的用途，前提是不受任何限制。

②A和B表示两个点，也可以表示两个不同的事物。运用发散思维，将二者联系起来。

在有限时间内，提供的用途越多，方法越多样、越新奇，说明思维的流畅性、变通性、独创性越强。发散思维有助于消除人的思维定式和功能固着等消极影响，拓展创造性思维，使设计作品想象力更加丰富，内容更加耐人寻味。图5-5为利用发散思维得到的可乐罐的多种用途。

（2）聚合思维

聚合思维与发散思维相反，是从已知的前提条件（如方案、设想、思路等）出发，采用多种方法和手段，从不同的方向、不同的角度将思维聚集到一个中心点，通过分析、概括、抽象、判断、综合、比较后，寻找出一个最合理的解决问题的方案。当通过发散思维提出种种假设和解决问题的方案、方法时，并不意味着创造活动的完成，还需从这些方案中挑选出最合理、最接近客观现实的设想。也就是说设计构思仅有发散而不聚合，仍不能得到解决问题的良好方案，没

图5-5 可乐罐的多种用途

有形成创造性思维的凝聚点，最后还需要运用聚合性思维，产生最佳且可行的设计方案。

（3）脑地图法

利用脑地图法进行发散思维、聚合思维的绘制，整个思维过程的具体操作如下。

◎ **步骤一**

根据设计主题确定中心词，围绕中心词展开快速联想，想到什么就写什么，以词汇的方式记录，越多越好，如图5-6所示。

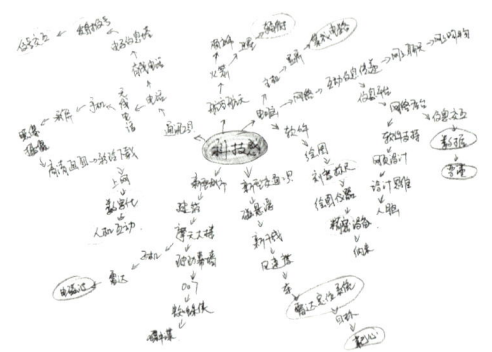

图5-6　围绕中心词展开快速联想

◎ **步骤二**

利用聚合思维，将脑地图中出现的最能体现设计主旨的词语圈起来。

◎ **步骤三**

将圈起来的词语有选择性地结合，进行设计构思与视觉想象，并勾画草图。

◎ **步骤四**

选择理想的设计构思，并结合造型的形式美规律与法则，进行深入的设计表现。

图5-7中，设计者将脑地图中的集成电路、雷达定位系统、精密的刻度单位及仪表组织表达在画面中，运用线条的粗细、长短、强弱及构图的疏密关系，来表达严谨、有层次、有秩序、有信息量的科技感。

图5-8中，设计者运用脑地图中的数据、电磁波、雷达、刻度标尺及在科学世界里无尽的探索（问号），来表达科技感所具有的严谨、信息感、动态、向心、平衡和无尽的求知与探索。

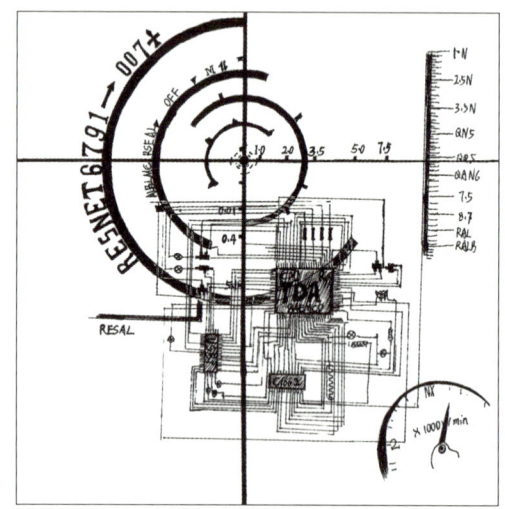

图5-7　《科技感》（王建军）

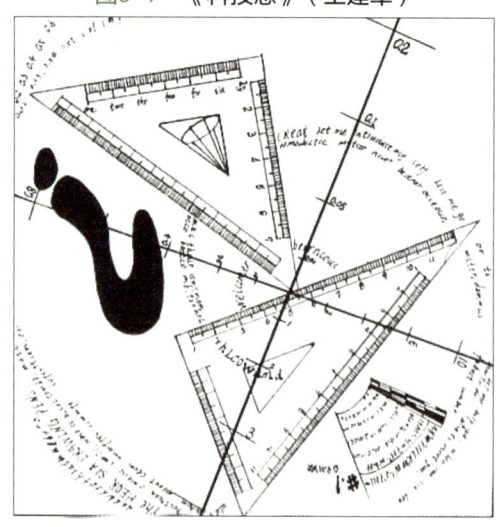

图5-8　《科技感》（刘磊）

图5-9中，设计者将思维凝聚在了"高跟鞋""艺术""文字""头发"等词汇上，进而表达了时尚的画面。"时尚"的英文字母和一些粗细、强弱不一、动感与生命力十足的线条，围绕着一只豹纹的高跟鞋，画面的疏密对比强、视觉中心明确。设计以点带面，通过一只高跟鞋似乎能绽放出一种融音乐的节奏与舞蹈的韵律为一体的生命力，表达了设计者心目当中的时尚感。

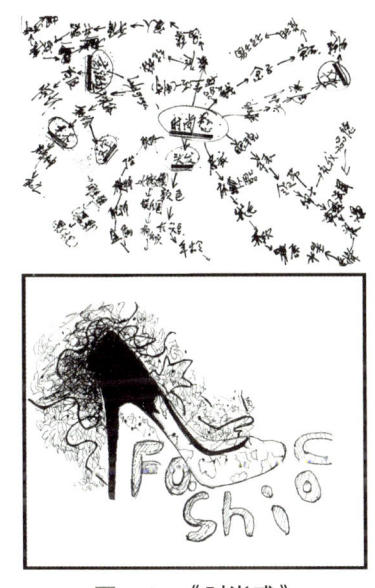

图5-9 《时尚感》

5.4 头脑风暴法

头脑风暴法又称脑力激荡法，是最为人们所熟悉的创意思维方法之一，此法强调快速、自由的集体思考，鼓励参与者在指定时间内，构思出大量的方案，并从中引发新颖的构思。具体操作为：由5~15位尽可能来自不同经验领域而能接受外来思想的人组成一组，产生无偏见的主意，再从众多表达出来的意念中，相互激发、碰撞，启发出新的构想，产生的方案越多越好。在具体操作时，应使组内保持平等、自由的气氛，对人们提出的构想不加任何评价，不局限思考的空间，鼓励想出更多更好的方案。

头脑风暴法是创造性地解决问题的最有效的方法。学习并掌握这种方法，可以大大激发人的灵感。具体实施方案如下。

（1）列举法

将认为有必要的东西，经过想象，充分列举出来。例如：能给人带来智慧的东西有什么？书、网络、电视、魔法、食品、爱等。列成一个单子，越多越好，鼓励自由想象。

（2）二元坐标连对法

将列举出来的事物分别标在横坐标和纵坐标上，然后将其一一配对，看结合起来会产生什么样的新构想。

判断一个新构想要从可行性、经济性、时间性等多个角度综合考察，通过二元坐标连对法得出的新构想不一定都能产生实际的效用，但这些构想对激发灵感有着巨大作用。

（3）焦点法

根据要创作的目标进行思考，即要把思考的焦点定位在一个已经决定好的目标上。紧紧围绕这一目标，通过想象、联想等方式进行思维拓展，力求专一性与多样性的最好结合。

5.5 优秀作品赏析

优秀作品见图5-10至图5-26。

图5-10 抽象形态的语意表达（学生作品）

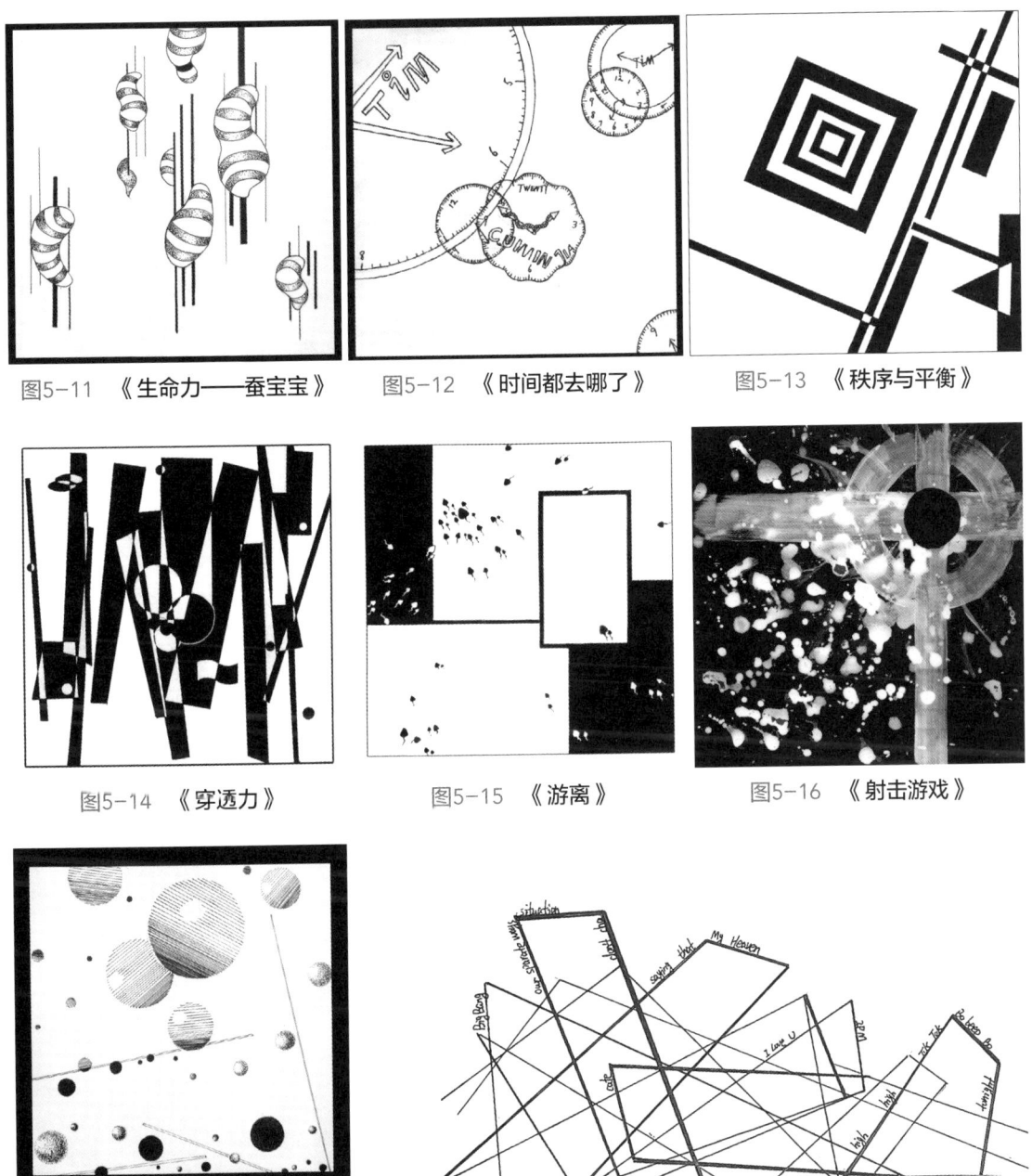

图5-11 《生命力——蚕宝宝》

图5-12 《时间都去哪了》

图5-13 《秩序与平衡》

图5-14 《穿透力》

图5-15 《游离》

图5-16 《射击游戏》

图5-17 《漂浮》

图5-18 《未来感》

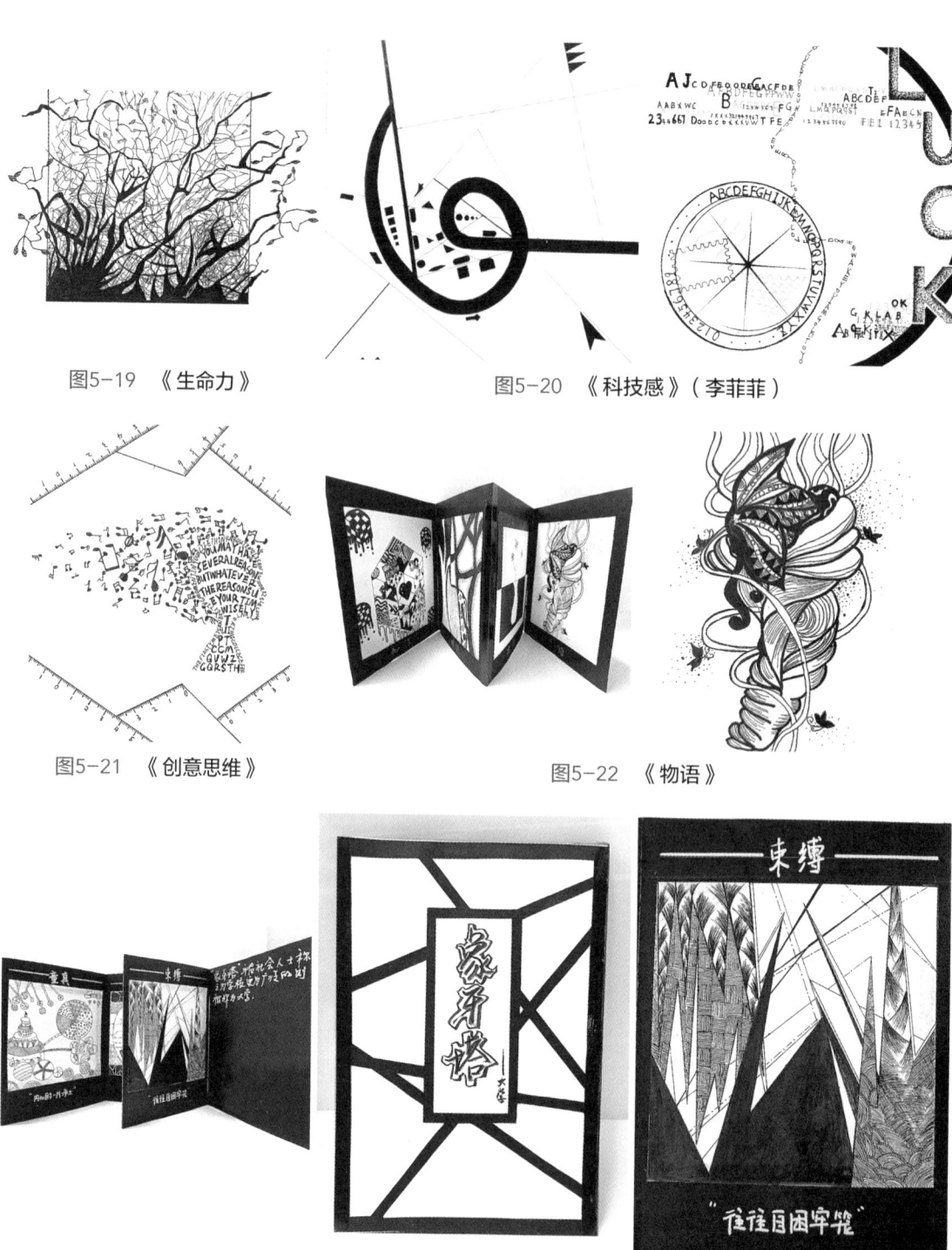

图5-19 《生命力》

图5-20 《科技感》(李菲菲)

图5-21 《创意思维》

图5-22 《物语》

图5-23 《象牙塔》

第一单元　二维设计实训

图5-24　《成长之路》

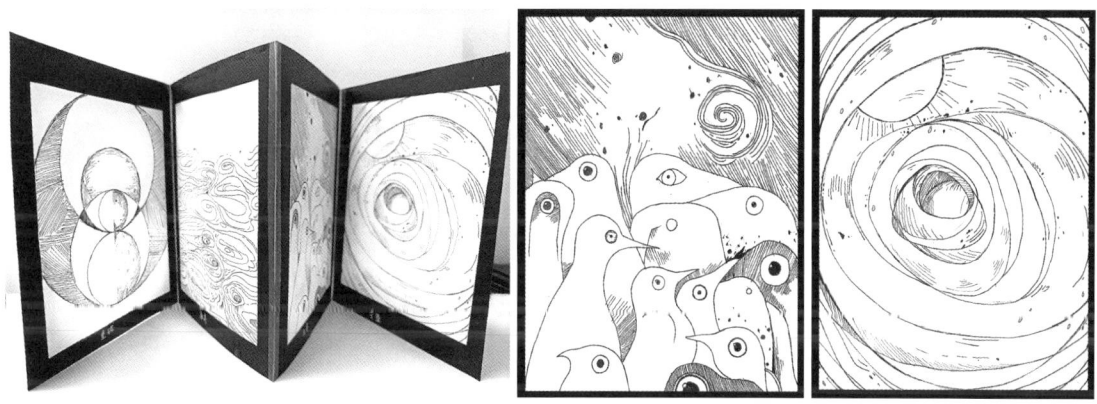

图5-25　《四折页》

图5-26　《兴奋的他》

6 综合应用课题 空间留白在实物载体上的应用

训练内容

1. 利用点、线、面抽象造型或具象造型，尝试在某一载体上进行形态与空间留白的设计，体会疏密对比与留白设计所带来的不同视觉感受。
2. 做平面草图设计2~4套（图6-1），在草图中选择一套最为理想的设计绘制在T恤衫上，注意平面放样的准确性。

知识要点

形态与形态的关系——疏密对比

形态与空间的关系——空间留白

设计思维提示

项目教学法——完整的工作过程

思政元素

传承古韵——创新设计应用（空间留白）

训练目的

理解并能灵活运用空间留白与疏密对比关系；掌握设计方法，提高设计表现力，提升审美情趣；在设计与制作的过程中，具备解决问题的能力，体会成果被应用的乐趣与成就感。

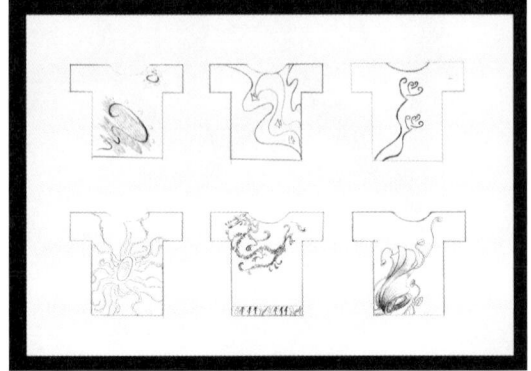

图6-1　平面草图设计

6.1 形态与形态的关系——疏密对比

疏：稀疏、疏朗、分散、间距大。
密：密集、紧密、接近、间距小。

疏给人以轻松感、空间感、秩序感、清朗感。

密给人以凝聚感、紧张感、厚实感、压抑感。

画面中有疏有密，呼应对比，相得益彰，有变化，视觉感才强。

疏密有致，生动流畅，灵动跳跃，才会呈现出设计的时代感。

疏密对比会造成空间律动感，画面产生远近、大小、节奏等感觉，如图6-2所示。由此可见，设计中疏密关系得当，会带给人和谐愉悦的感受，反之则单调乏味，缺乏变化。

图6-2 疏密对比

6.2 形态与空间的关系——空间留白

留白是绘画中的术语，是中国画的一种手法，也是各种艺术门类共通的一个重要观点。

留白与着墨相对应，正如虚与实相互呼应，二者相互并存，相得益彰。

"疏能跑马，密不插针""计白当黑""方寸之地亦显天地之宽""此处无物胜有物"都是说留白艺术带给人的意境与回味，如图6-3所示。

图6-3 《寒江独钓图》（马远）

空间留白可以说是一种态度、一种智慧、一种很高远的境界。在设计中表现空间留白，不仅能更好地聚焦视线、提高视觉冲击力，也能起到衬托主题、营造版面空间层次的作用。留白能够加强空间的秩序性，化解空间的沉重严肃，让压抑感大大减少。在设计作品中，巧妙运用空间留白，往往会给人带来想象、回味的余地。高明的设计者，还会用此营造含蓄、唯美、脱俗的境界，留给人深刻的印象。空间留白的作品如图6-4所示。

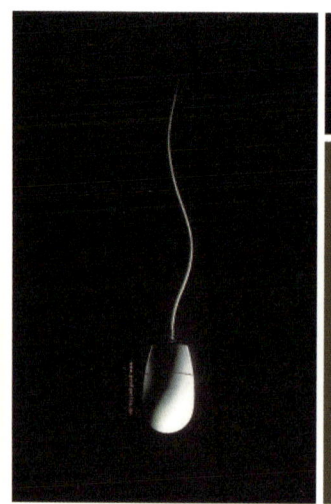
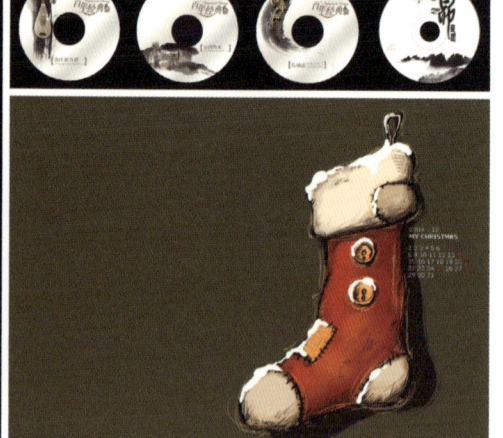

图6-4　空间留白设计

6.3　案例分析

图6-5是一个小提琴演奏会的请柬设计，画面大面积空间留白，只在左下方出现了一个线条流畅、精美的小提琴形象，言简意赅地表达了音乐会的主题与高雅脱俗的品位。

图6-6是一款月历的设计，设计者采用了中国画的形式，以大量空间留白和寥寥数笔的写意，言简意赅地表达了身为游子的思乡之情。画面中写意的茅草房、倒置的"春"字、屋顶上刚刚萌出带有一丝春意的小草，充分地表达了2月是春天即将到来的季节，也是与家人团聚的时节。而烟囱里冒出的袅袅炊烟，以文字的形式表达"返回家乡，告诉篱笆墙我的过往"的思想。看到这些文字，我们似乎会有一些酸楚，更是触动了观者的情感。在大量的留白空间中，可以展开无限的遐想。这位游子都经历过什么呢？在中国人最为重视的春节里，他有怎样的情怀呢？

图6-5　小提琴演奏会请柬设计

图6-6　月历设计

6.4 训练操作提示

①因为人体是立体的，所以设计时应注意人体的比例关系及男女的形体差异。

②注意正反两面的整体设计与呼应关系。

③可将点、线、面扩展到几颗纽扣、一条拉锁、几块补丁或剪开的缝隙等。

④可根据人体的结构重新裁剪T恤衫，也可根据需要大胆地进行裁剪与缝制。

⑤绘制时，注意整洁性（画大样、放大样时需要垫背板；注意调试丙烯颜料的厚薄程度，需要时可涂两遍颜料；可利用电脑打印文字等方式辅助放样）。

图6-7　T恤衫设计（1）

6.5 优秀作品解析

图6-7所示的这款T恤衫的设计非常大气且有视觉张力。设计者大胆地使用了绘画的方式，将两朵艳丽的向日葵画在了T恤衫上，视觉冲击力极强。更有趣的是设计者又配合了独到的裁剪方式，将领口扩大，将一侧的袖子剪下，利用剪下的面料制作了四片向日葵的花瓣。为了使其在T恤衫上的效果更挺括，设计者将细铁丝缝制在了花瓣的边缘处。

图6-8所示的这款T恤衫采用了中轴线齐头、不对称式设计，主题图形为抽象造型，色彩协调、鲜艳。T恤衫设计得大气且疏密有致。

图6-8　T恤衫设计（2）

图6-9所示是一款典型的利用点、线、面进行空间留白的T恤衫设计。正反两面互相呼应；T恤衫上的构图，正面以中缝和底边为起止线，色彩与线条齐头排列，非常有秩序；背面以领口以下的肩线和中缝为起始线，直角交界处的图形与色彩最为密集，形成视觉中心。T恤衫上的线条流畅、舒展、灵

动,极具设计感。色彩采用暖色渐变关系,协调、温暖,最值得称赞的是施色有节制、点到为止,因而使此款T恤衫的设计疏密有致,能达到"疏能跑马,密不插针"的意境。它是一款极具设计感和时尚感的T恤衫设计。

图6-10所示的这款T恤衫的独特之处在于领口的处理。设计者将领口做了不对称式裁剪,呈现的非对称式V字形领口用白色面料绲边,端处配以拉锁头的处理,非常巧妙且有创意。T恤衫以黑白为主色,T恤上的图形与领口上白色勒口的线条粗细基本一致,使得此款T恤衫整体感很强,设计得简洁、干练,是一款时尚、新颖且实用的作品。

图6-11所示的这款设计将中国的国粹——京剧的脸谱和蝴蝶这两种美丽的事物组合在了一起,同时结合了T恤衫统一的缝制和裁剪,使得这款AB版T恤衫相得益彰。

图6-12所示是典型的一款以卡通形象为主题的AB版情侣衫的设计。两只可爱的小熊——明明和点点,牵在了一根绳上,配以文字"在一起、一辈子",设计得可爱、有趣。

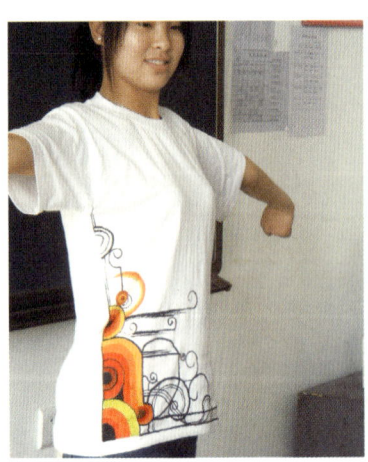

图6-9　T恤衫设计(3)

图6-10　T恤衫设计(4)　　　图6-11　T恤衫设计(5)　　　图6-12　T恤衫设计(6)

6.6 优秀作品赏析

优秀作品见图6-13。

图6-13 空间留白在实物载体上的应用(学生作品)

7 综合应用课题 形式美法则在空间界面中的应用

训练内容

1. 在给定的空间中对某一界面（或隔断）进行设计。
2. 假定四种不同的场所，分别做方案。
3. 要求合理运用形式美的规律与法则对界面进行设计；造型能够突显不同空间的功能与用途，且有个性。
4. 装饰材料不限，可用色彩表达，附设计说明。

知识要点

形态的构成形式

形式美的规律与法则（见课题2）

思政元素

尊重需求、实施人性化设计（优秀案例）

训练目的

掌握形式美的规律与法则，并在设计过程中学会运用形式美规律进行造型设计。

7.1 形态的构成形式

形态的构成形式包括形态的重复、形态的近似、形态的特异等。

形态的重复是以一个母形为单位，做若干个拷贝，如图7-1所示。

图7-1 形态的重复

形态的近似是指以一个母形为基础，做相似、近似的变化，如图7-2所示。以近似形构成的画面既统一、整体，又富于变化。

形态的特异是指在一个有规律的重复中，突显个别变化。即在同质形象中求得异质性变化，强调打破重复性的单调感，寻求视觉注目性，如图7-3所示。

7.2 案例分析

图7-4所示是一个汽车4S店的空间界面设计，界面中运用的元素就是点，是大小不一、形态各异的点，但这些点都是由汽车零部件组成的。它们按照疏密和水平秩序的方式，被组织排列在了印有二维汽车图形的不锈钢金属板上，呈现的视觉效果是机械感、工业化、严谨、秩序、科技感等。

图7-5所示是一个大空间中的隔断设计。为了体现出既能划分空间又能使空间界面通透的效果，设计者运用了界面镂空的形式，将类似叶子的造型运用到了该界面中，白色镂空叶子的造型给人以自由、通透、时尚的感觉。

图7-6所示是一处地铁站的设计，它是一个非常人性化的设计。人都需要光明和温暖，这是人最基本的生理需求。所以这位设计者通过白色的地面和灯光的照度，将这个地铁站设计得干净、简洁、明亮。同时，在墙面这一界面的处理上，设计师采用了全色相即红橙黄绿青蓝紫等色块进行铺设，在其中还夹杂着可读性较强的图片，使得空间界

图7-4 汽车4S店空间界面设计

图7-2 形态的近似

图7-3 形态的特异

图7-5 空间中的隔断设计

图7-6 地铁站设计　　图7-7 酒店大厅的空间界面设计　　图7-8 酒店大堂主墙面设计

面既能满足人们需要温暖、渴望看到色彩的需求，同时还能满足人们读到信息和拥有美好视觉感受的需求。

图7-7所示是一个酒店大厅的空间界面设计。该设计将一个曲面三角形不断重复拷贝，构成了一个天地相连的大曲面。由于这个曲面是镂空的，它不仅具有划分空间的功能，还有通透的装饰效果，达到了既是装饰又具有设计功能的双重价值。

图7-8所示的酒店大堂主墙面采用了木质材料做近似形，并以黑色拉缝处理的形式，将天花和墙面连接在一起，呈现出浑然天成、气势恢宏的大气氛围。

7.3 优秀作品赏析

优秀作品见图7-9。

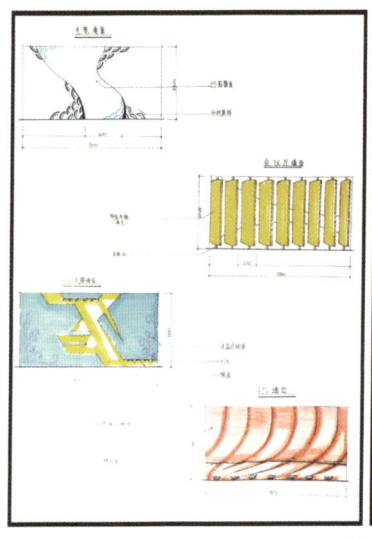 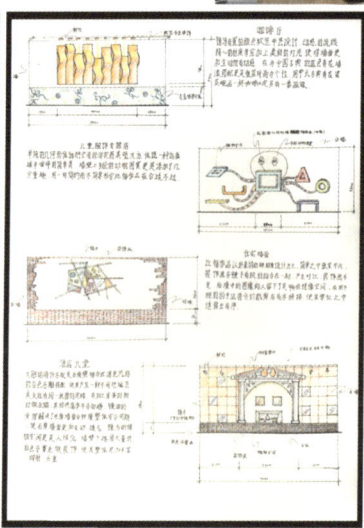 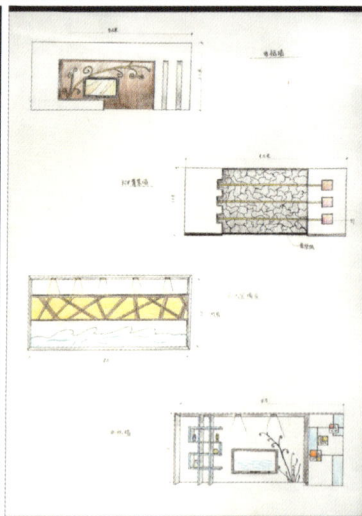

图7-9 形式美法则在空间界面中的应用

第二单元

色彩设计实训

单元提要

本单元主要内容有色彩的基础知识、色彩的三属性、明度对比、纯度对比、色相对比与调和、色彩的联想与联觉、色彩情感的表现等。通过课题训练,掌握色彩的明度基调、纯度基调,同时对色彩的调色与配色有一定的认识与应用是本单元的重点。利用色彩的联觉对特定的事物进行色彩情感的表现,使其准确、生动、调和是本单元的重中之重。在课题训练的过程中,要以一颗敏感而灵动的心,触摸周遭的事与物,唤起灵感直觉的涌动,准确地表达事物;同时,多总结色彩的调配规律,举一反三,勤于应用。

8 课题训练 色彩的采集与重构设计

训练内容

1. 搜集艺术大师作品、民间艺术作品或摄影图片等，感性认识并加以分析。
2. 从图片中提取主要的色谱。
3. 以提取的色谱为基础，分别进行两色重构练习三张（10cm×10cm）；三色重构练习三张（10cm×10cm）；多色重构练习两张（10cm×10cm）；图片色量比还原练习一张（10cm×10cm）。配色工具以及色彩采集与重构示例作品如图8-1和图8-2所示。
4. 在两色、三色、多色的练习中注意体会色形状、色面积、色位置的不同，以及其为视觉所带来的不同感受。

知识要点

色彩的物理学原理
色彩的分类
色彩的三属性
色立体
色彩混合
采集与重构的方法

设计思维提示

采集、归纳、创新

思政元素

敬畏自然——发现自然之美（色彩的物理学原理）

训练目的

对调色有一定的理性认识；通过此练习掌握一定的配色方法与技巧，提高对色彩的敏感程度；对色彩的面积量比、色彩的经营位置及平面形态有一定的感性认识和理性把握。

图8-1 配色工具

图8-2 色彩采集与重构示例作品

8.1 色彩的物理学原理

人类生存在一个多彩的世界里，四季的变更赋予了大自然以变幻的色彩，我们生活的每一天都被绚丽的色彩所包围（图8-3）。可以说，色彩是大自然赐给我们最好的礼物。

图8-3　绚丽色彩

那么为什么白天人们看到的原本色彩十分绚丽的事物，到了夜晚就失去了它原有的魅力呢？

因为光，光是一切色彩的主宰。光，给世界带来了色彩；光一消失，色彩立即随之暗淡乃至消逝。

其实，光与色的奥秘直至1666年才被英国科学家牛顿真正揭开。牛顿将一束日光从细缝引入暗室并穿过三棱镜，当折射的光碰到白色屏幕时，在那里出现了彩虹一样美丽的色带，这个色带被称作光谱。光谱色呈红、橙、黄、绿、青、蓝、紫的顺序排列。如果将这些色光加以聚合，则会重新变成白色。由此可见，日光是由一组色光混合而成的。

实际上，被我们感知的光谱中的色光，不过是宇宙浩瀚空间中电磁辐射的一束。在物理学上，光是属于一定波长范围内的一种电磁辐射，电磁辐射还包括宇宙射线、γ射线、X射线、紫外线、红外线、雷达、无线电波、交流电等。

在电磁辐射中只有波长为380～780nm的电磁辐射能够被人的视觉接受，此范围的光称为可见光，如图8-4所示。

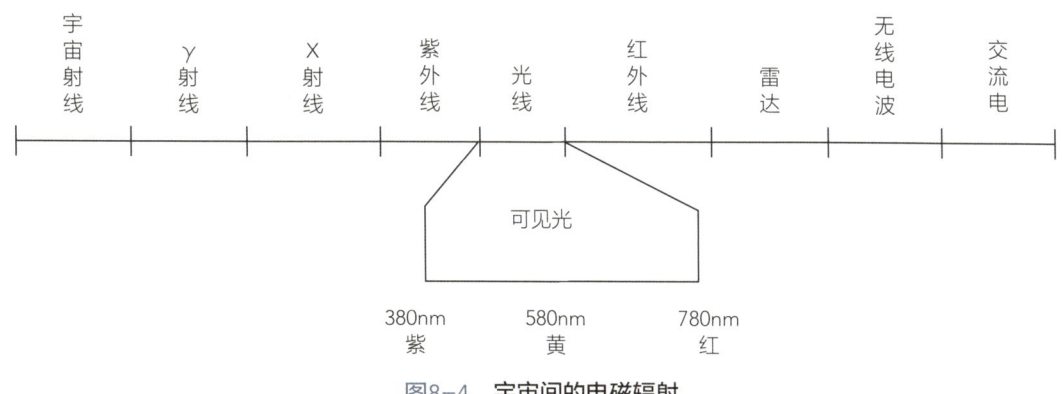

图8-4　宇宙间的电磁辐射

8.2 物体色与光源色

物体的色彩是由两个因素决定的，一是物体本身的固有特性（物体色），二是光源的性质（光源色）。

实际上，物体的颜色只不过是一种反射出来的色光。物体在自然光的照射下，一部分色光被吸收，剩下的另一部分色光则反射到了我们的眼中，这就是我们看到的色彩。如蓝色，它是将白色光中的其他成分吸收，即红、橙、黄、绿色光吸收，将蓝色光反射，所以呈现在我们眼中为蓝色。

可是，现实生活中的色彩是极其丰富的，各种物体不可能单纯地反射一种波长的色光。通常是对某一波长的光反射得多，而对其他波长的光按不同比例反射得少而已。例如蓝色物体，它是将红、橙、黄色光和部分的绿色光吸收，反射蓝、紫色光和部分绿色光。不同色彩对光的吸收与反射示意图如图8-5所示。

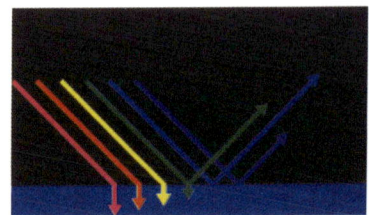 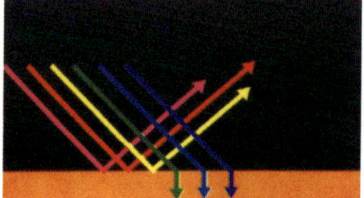 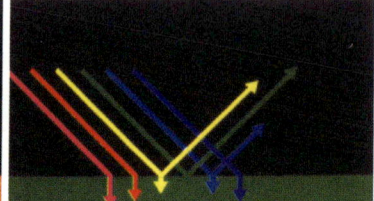

图8-5 不同色彩对光的吸收与反射示意图

白色物体反射所有色光，黑色物体吸收所有色光，灰色物体则反射和吸收各一半的色光。实际上，彻底的黑、白、灰是不存在的，它们都含有相当微弱的色彩倾向。

主光源在白光的情况下会产生上述的色彩倾向，而主光源在有颜色的条件下，如白炽灯会发出黄橙色光，荧光灯的色光则略带蓝味，这会对物体产生不同程度的影响。如在红色光源下（暗房中），白色的物体此时会略带红味；黄色的物体会与红光相混合，呈现出橙红色；而绿色物体，则会形成朦胧的灰黄色。不同光照下彩色面人呈现的色彩如图8-6所示。

图8-6 不同光照下彩色面人呈现的色彩

综上所述，物体的色彩来源于物体本身吸收和反射色光的能力，以及光源色对它的影响。另外，不同物体表面因其特征和质感不同，其反射值也不尽相同。只有了解了色彩是如何产生的，理解了色彩的物理学原理，才能在绘画写生、平面设计、舞台艺术、工艺美术、室内设计等方面准确地把握色彩表现的规律，取得完美的色彩效果。

8.3 色彩的分类

人的视觉能够触及的色彩林林总总，成千上万。若将所能看到的色彩进行分类，可分为无彩色系统和有彩色系统。

无彩色系统包括：白色、黑色和灰色。

有彩色系统包括：纯色，即不含黑、白、灰，饱和度最高的色；清色，即纯色加入白色所形成的色；暗色，即纯色加入黑色所形成的色；浊色，即纯色加入灰色所形成的色。

8.4 色彩的三属性

所有有彩色都一定同时具有三种属性，即色相、明度、纯度。

（1）色相

色相是色彩的相貌，人们用它来区别各类色彩。在光谱中，色相的顺序即红、橙、黄、绿、蓝、紫是一种固定的关系，但各色之间并没有明显的界限，是一种渐变的色彩关系。色彩学家将这种渐变的色相以环状的形式排列，又加上了一个光谱中没有的红紫色，就形成了一个封闭的环状循环，我们称之为色相环，它是研究色彩的重要工具，如图8-7所示。

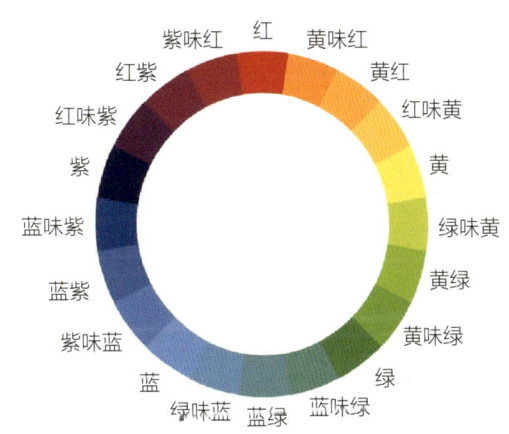

图8-7 色相环

原色：指不能用其他色混合而成的色彩。颜料三原色是玫瑰红、柠檬黄、湖蓝，如图8-8所示。

图8-8 颜料三原色

间色：由两个原色相混合而成的色彩，也称作第二次色，如色相环中的橙、绿、紫三色，如图8-9所示。

$$第二次色\begin{cases}红+黄=橙\\黄+蓝=绿\\蓝+红=紫\end{cases}间色$$

图8-9　间色

复色：通常指由三种以上的色彩调和而成的色彩，也称作第三次色，如图8-10所示。其色彩的纯度、明度都有明显变化，大都呈低纯度的灰色。

$$第三次色（色料）\begin{cases}橙+绿=黄灰\\橙+紫=红灰\\紫+绿=蓝灰\end{cases}复色$$

$$\begin{matrix}橙\begin{cases}红\\黄\end{cases}\\绿\begin{cases}蓝\\黄\end{cases}\end{matrix}=（红+黄+蓝）+黄=黑浊色+黄=黄灰$$

$$\begin{matrix}橙\begin{cases}红\\黄\end{cases}\\紫\begin{cases}蓝\\红\end{cases}\end{matrix}=（红+黄+蓝）+红=黑浊色+红=红灰$$

$$\begin{matrix}紫\begin{cases}红\\蓝\end{cases}\\绿\begin{cases}黄\\蓝\end{cases}\end{matrix}=（红+蓝+黄）+蓝=黑浊色+蓝=蓝灰$$

图8-10　复色

（2）明度

明度指色彩的明暗程度，也可称作亮度、深浅度等。

明度是全部色彩都具有的属性，任何色彩都可以还原为明度关系，明度关系可以说是搭配色彩的基础。在无彩色系中，最高明度是白色，最低明度是黑色，在黑、白两色之间存在着不同程度的灰色。若把黑、白当作两个极端，在中间根据明度的顺序，等间隔地排列若干个灰色，就可组成明度等级。人的最大明度层次判别能力可达200个等级左右。孟赛尔把明度定为十一级，包括黑白在内，黑白之间有九级不同程度的灰，如图8-11所示。

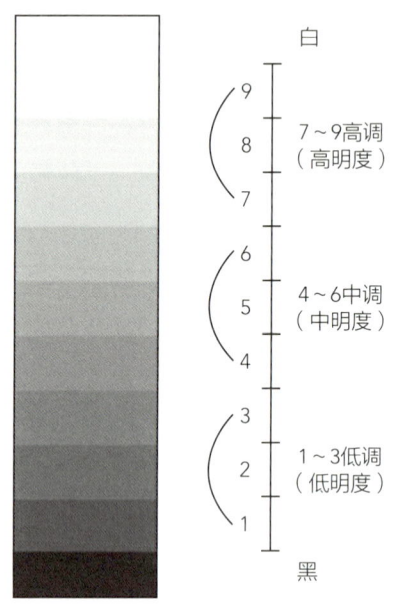

图8-11　明度等级

有彩色的明度是根据无彩色黑、白、灰的明度等级标准而定的，其中黄色最明亮，紫色最暗淡，橙、绿、红、蓝的明度位于黄、紫之间。即使是一个色相，也会有不同的明暗变化，如深红、大红、红橙等。另外，任何一个有彩色加白后都会提高明度，加黑后都会降低明度，每个颜色都可构成自己的明度序列。

（3）纯度

纯度是指色彩的鲜艳度，又称彩度或饱

和度。

无彩色的纯度等于零。有彩色中红色是纯度最高的颜色；橙、黄色的纯度居中；蓝、紫色是纯度较低的颜色。

色彩纯度推移的方法如下：选出一个纯度较高的色相，如大红，再找一个明度与之相等的中性灰色，然后将大红与灰色直接混合，混合出从大红到灰色依次递减的纯度序列共14级，即可得到红色的纯度推移。按照美国色彩学家孟赛尔色立体的规定（表8-1），各色的纯度等级不尽相同，绿的纯度等级共8级，而黄的纯度等级共12级。

任何一个有彩色加白、加黑、加灰，不仅会改变其明度关系，更会降低其纯度。一色混入其他颜色会降低纯度；若混入其补色，则纯度下降得更快。这里要强调的是：一个颜色的纯度高并不等于明度就高，明度与纯度的变化不一定成正比。

表8-1 孟赛尔色立体色相、明度、纯度的关系

色相	明度	纯度
红	4	14
黄橙	6	12
黄	8	12
黄绿	7	10
绿	5	8
蓝绿	5	6
蓝	4	8
蓝紫	3	7
紫	4	8
紫红	4	9

8.5 色立体

色彩按照三属性的关系，有秩序、有系统地排列组合，就可构成具有三维立体的色彩体系，简称色立体。下面以孟赛尔色立体为例加以介绍。

色立体的基本结构是以无彩色为中心轴，顶端为白色，底端为黑色，两端之间分布着不同明度渐变的灰色。色相环呈水平状包围着中轴，各色与无彩色轴连接，靠近无彩色轴的颜色呈低纯度，离无彩色轴远的颜色呈高纯度，如图8-12所示。

图8-12 **色立体简图**

如果把色立体通过无彩色轴纵向剖切，在此纵面所表现的色相是互为补色的两个色相，外侧为纯度高的清色，内侧为纯度低的浊色。纵断面上部分排列的为高明度色，下部分排列的为低明度色。

如果用垂直于中轴的平面横切，则表现为各色明度等同的断面。

由于色立体中，各色相的纯度和明度是不相等的，所以，其外形并非呈现圆形，复

杂的外形会使人联想到树，故此也被称为色树。色立体结构如图8-13所示。

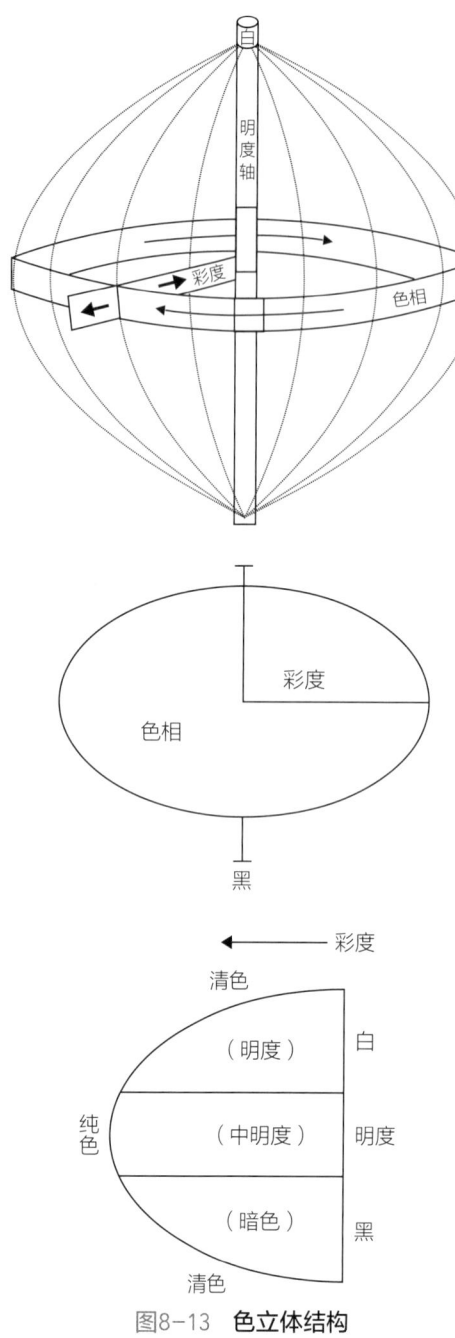

图8-13　**色立体结构**

孟赛尔色立体的色相环是以红（R）、黄（Y）、绿（G）、蓝（B）、紫（P）5色为基础，再加上它们的中间色共10个主要色相。每一种色相还可以细分为10等份，如此共得到100个色相。各色相的第5号为该色的代表色相。

孟赛尔色立体的中心轴，从白到黑分为11个等级，中间是9个渐次变化的灰。

纯度等级以数字越大越接近纯色表示。在10种主要色相中，红（5R）的纯度最高，距中心轴最远，纯度等级为14；而蓝绿色的纯度等级只有6，距中心轴最近。

孟赛尔色立体是由色相、明度、纯度来表示的，即HV/C（色相、明度/纯度）。如"5R4/14"表示色相是第5号红色，明度位于中心轴第4等级的水平线上，纯度距离中心轴有14个等级。

根据对孟赛尔色立体的介绍，我们不难发现，色立体最大的特点就是上面的每一块颜色都有自己的表示符号，并且国际通用，这使得印刷业更具标准化、更加国际化，同时它也是初学者调色和配色的好帮手。

8.6　色彩混合

不能用其他色混合而成的色彩称为原色，原色却可混合出多种色彩。原色实际上有两个系统：一是光的三原色（朱红光、翠绿光、蓝紫光），另一个是颜料三原色（玫瑰红、柠檬黄、湖蓝），如图8-14所示。

第二单元　色彩设计实训

（a）色光混合　　　　　　　（b）色料混合

图8-14　光的三原色与颜料三原色

（1）加色混合

加色混合即色光混合。红光和绿光各一半混合成黄光；绿光和蓝紫光各一半混合成蓝光；红光和蓝紫光各一半混合成紫红光；红光、绿光、蓝紫光均等混合成白光。

（2）减色混合

减色混合通常是指物质性的颜料、染料、涂料的混合。因其混合与加色混合相反，混合的成分越多，混色就越暗越浊，故此称为减色混合。

（3）中性混合

中性混合包括旋转混合与空间混合，实际上它是参加混合的色彩在人的视网膜上的混合。

①旋转混合：将颜色按同等比例放在混色转盘上，通过马达旋转，各种颜色便混合成新的颜色，如旋转红色和绿色时可看到黄色。

②空间混合：将两种或两种以上的颜色并置在一起，通过一定的空间距离形成的混合称为空间混合。这种混合效果的要点在于：一是色形状的肌理越细越小，排列越有序，混合的效果越柔和越安静；二是观看距离越远，获得的视觉清晰度越高。

它不是真正将颜色混合，而是借助一定空间距离，使视觉自动进行调色混合。如大红与湖蓝颜料混合获得的是深灰紫色；而空间混合，则可获得浅紫色。因此，它与减色混合相比，明度要显得高，色彩要显得更鲜艳、更闪耀，且有一种跃动感，如图8-15所示。

图8-15　空间混合

法国印象派大师修拉就是利用色彩的空间混合原理，创建了点彩画派，如图8-16所示。空间混合在艺术表现中的应用十分普遍，马赛克镶嵌的壁画、纺织品中经纬交叉的混色现象以及印刷上的网点制版，都是利用空间混合获得的艺术效果。

图8-17　生活中的色彩采集

图8-16　《大碗岛的星期天下午》（修拉）

8.7　设计思维提示

对于配色实践来说，色立体就像一本色彩字典，用时翻一翻会有很大的帮助。但真正的色彩感觉和色彩灵感的获得还得来自生活本身。如我们可能会被一部生锈的机器、一块烂木头、一段旧城墙或一片色彩绚丽的晚霞所打动，采集与捕捉到了要表达的内容，从而激发了创作灵感。色彩采集的方法多种多样，可以从一切可借鉴的素材，如自然景物、传统艺术、民间艺术、绘画、摄影作品中提炼色彩，如图8-17至图8-19所示。

图8-18　服饰上的色彩采集

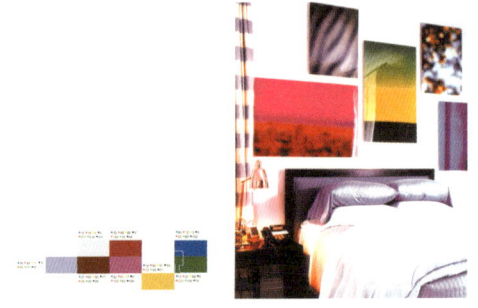

图8-19　家居设计中的色彩采集

归纳是一种逻辑方法，也是聚合思维的表现。归纳与重构就是创新，是把采集来的物象中美的、新鲜的色彩元素进行提取与概括，并注入新的结构和环境中，使之产生新的生命。即根据采集对象的形色特征，经过抽象过程，在画面中进行重新组织，它是色彩表现的创新与凝练。

8.8 采集与重构的方法

采集与重构是色彩再创造的过程，也是一把打开色彩配色领域大门的钥匙，它将教会我们如何发现美，如何进行调色与配色，直至最终创作出美的作品。

色彩的采集与重构有以下两种方法。

①形与色按比例重构：将原素材中有代表性的、典型的色彩采集、离析出来，再对原素材中的形体进行概括、整合后，按原素材的色彩关系和面积比例进行重新构成。其特点是能够充分体现和保持采集对象的面貌。

②色彩意境重构：根据原素材的色调、色彩风格做神似的重构，重构后的色彩和色彩关系，可能与采集对象有所出入，但始终保持其原色彩的意境与感觉。其特点是不受造型与比例的限制、更灵活。

8.9 案例分析

图8-20所示的画面采用形与色按比例重构的方法，将色彩对象完整地采集下来，按原色彩关系、色面积比例、构图及造型运用在新的画面中，只是新构成画面中鸟的形态与线条有所概括。

图8-20　形与色按比例重构（1）

图8-21所示的画面色彩提取准确丰富，构图、造型与色彩比例与原素材相近，新画面的天空处理得更加丰富，花卉部分的设计具有装饰性。

图8-21　形与色按比例重构（2）

图8-22所示的画面根据采集对象的形、色特征，经过对原形的概括与抽象，重新对画面进行处理。在画面中尽量保持原色彩的意境，做神似的重新构成。新画面是将青虫身上的条纹提取，做了具有层次、动感、韵律、张力的构成处理。色彩提取准确，色比例、色面积与原素材相近，做到了神似的境界。

图8-22　色彩意境重构（1）

图8-23所示的画面因色彩提取十分准确，虽新画面与原素材造型迥然，却能达到意境相似的境界。

图8-23　色彩意境重构（2）

8.10　训练操作提示

①对选择的采集素材即摄影作品、大师作品等，在其图片的清晰度和色彩关系上进行严格的审核与把关，因其会直接影响色彩重构的效果。

②在图片色量比还原的练习中，比例与色彩应相对准确。

③着重体会同一组色彩在不同色面积情况下的不同感受。

8.11　优秀作品赏析

优秀作品见图8-24。

图8-24 色彩的采集与重构设计(学生作品)

9 课题训练　明度基调的识别与设计

训练内容

1. 在20cm×20cm的平面空间中，分别做4种明度基调练习。
2. 要求调性准确，绘制精细，如图9-1所示。

训练提示

构图可用一个母形拷贝，也可由一个图形分割成4个画面。

知识要点

色彩的知觉现象
明度对比
明度基调

游戏情境

色彩同化、视觉补差

思政元素

尊重需求——满足人性化设计（色彩的知觉现象）

训练目的

准确掌握明度基调；提高调色与配色的能力；学会使用绘制工具及颜料，培养精细绘制的工匠精神。

图9-1　明度基调设计示例作品

9.1 色彩的知觉现象

人的眼睛有如一架极其灵敏的照相机。瞳孔有如光圈，有控制进光量的功能，在强光下它会自动缩小，在暗光下它会自动放大。在一定光照距离内，它能最大限度地

保障可见物体的清晰程度。

但眼睛又不同于照相机,因为色彩知觉是物理因素、生理因素以及心理因素的综合反应,而其中视觉的生理机制,特别是心理效应,使色彩知觉比照相机更灵活,往往呈现一种非规则(即1+1≥2)的特征,这是照相机所无法比拟的,也正是设计人员应研究的问题。

(1) 视觉适应

视觉适应可分为明适应、暗适应与色适应。

从室内突然走到白雪皑皑的室外,眼睛会什么都看不清,但在大约20秒以后,就能恢复正常,这称作明适应。

从灯光明亮的室内走入暗室,刹那间眼前一片漆黑,约1分钟才能慢慢辨清物体,这称作暗适应。

起初我们看到一块红颜色觉得它夺目、刺眼,但过一会儿就觉得它暗淡了,这种眼睛对颜色的习惯过程,称作色适应。

(2) 视觉恒常性

恒常性是一种心理现象,与经验有关。当人们对事物的色彩有了一定认识后,尽管不同的环境与光线对它产生了新的影响,但人们仍会认为它是原有的色彩。如盛夏的树叶,无论在正午的强光下,还是在黄昏的夕阳下,都被认知为绿叶。这就是人们在心理上所形成的习惯认识,即心理定式。它经常顽固地影响人们对色彩变化的认识,这给色彩训练带来了一定的困难。

虽然视觉的恒常性有一定的消极作用,但在色彩表现上也可以主动地利用这种习惯做若干变化,使其发挥积极的作用。如在国画中,将荷花画成粉红色,而将叶子画成黑色,人们仍然可以接受。由此可见,积极合理地利用恒常性可产生极其多样的色彩表现。

(3) 同化现象

在一些色彩组合中常出现这样的现象,两块颜色单独放置时都很鲜艳、夺目,但将两色放置在一起时,色与色之间不但对比没有加强,反而会在某色的诱导下向着统一方向靠拢,这种现象称为色彩的同化现象。在配色中若想寻求画面的统一与平静,即可利用同化现象;若想两色均被激活,就必须寻求对比关系。

(4) 生理补色与异化现象

当我们长时间注视红色物体时,突然把目光从红色物体上挪开,很短时间内眼睛还能感觉到有红色痕迹,但随即便会被一个蓝绿色的残像所代替,红色与蓝绿色残像的关系就是生理补色。

正如伊顿所说:眼睛对任何一种特定的色彩都会同时要求看到它相对的补色,如果这种补色还没有出现,那么眼睛会自动地将它产生出来。这就是为什么在红纸上用墨汁写宣传标语时,红纸上的黑字变绿的原因。当两种色彩并置且互相排斥时,其中一方的色彩向对方的补色上发展,这种现象称为异化现象。其实,异化现象正是视神经的补偿性功能所导致的,它是一种视觉的错觉,然而我们却不能忽视它。

据生理学家研究，人眼有寻求相对补色、全色相及中性灰色等需求。

①寻求相对补色：视觉往往在高明度的环境中寻找低明度色，在低明度的环境中寻找高明度色；在冷色的环境中寻找暖色，在暖色的环境中寻找冷色。补色是色彩对比的归宿。通过对生理补色的研究发现，互补色对视觉和大脑能产生一种平衡作用，能满足人们看完整色彩的需求。

②寻求全色相：我们看到红、黄、蓝三原色时，眼睛可得到平稳，而当我们看到全部色谱时，视觉会得到更大的满足。

③寻求中性灰色：色彩学家认为，优良的配色应该是远看的时候成为灰色调的配色。眼睛和大脑只有在中等灰色的状态中才能变得安定，色彩最容易被识别，视觉不易出现偏差。

综上所述，只有满足了视觉的平衡需求，才能减轻疲劳程度，进而使设计更为人性化。

★ 课堂快题

①医院的手术室里，室内墙壁和医护人员的服装用色该如何设计呢？

②乒乓球由白色改为橘色的用意是什么？

9.2 游戏情境

①你能在图9-2右边的白色方块中看出橙色色调，在左边的白色方块中看出蓝色色调吗？

○ 色彩的同化现象。

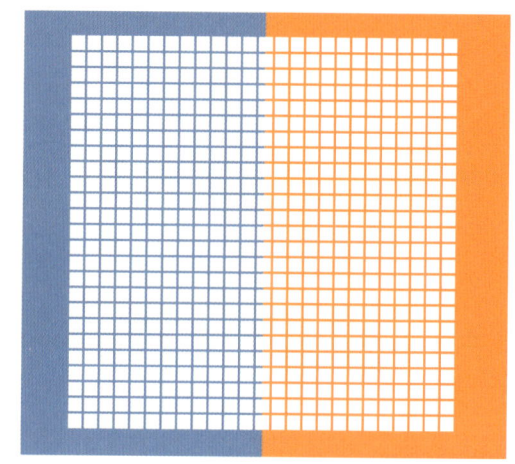

图9-2　视觉游戏（1）

②盯着图9-3中的黑点看30秒以上，迅速移到白纸或白墙上，你会看到什么？

○ 视觉补差使绿心变红心。

图9-3　视觉游戏（2）

9.3 明度对比

明度对比是指将不同明度的色彩并列在

一起，产生明的更明、暗的更暗的现象。明度对比可以是一种颜色的明暗对比，也可以是多种颜色的明暗对比。明度性质在色彩三要素中具有相对的独立性，它能够摆脱其他色彩特征而独立存在，而色相与纯度却必须依赖明度才能存在。

图9-4　**明度基调示意图**

9.4　明度基调

人们通常用从黑到白11个渐次变化的明度等级，来衡定各种色相的明度值和进行明度对比强弱的划分。

色彩间明度差别的大小决定着明度对比的强弱。靠近白的3级称高调色；靠近黑的3级称低调色；中间3级称中调色。3个阶梯以内的对比为明度弱对比，由于这种对比的关系在明度轴上距离比较近，又称短调对比；5个阶梯以外的对比称明度强对比，也称长调对比；3个阶梯以外，5个阶梯以内的对比称明度的中对比，又称中调对比。

在明度对比中，如果其中面积最大的色彩或色组属高调色，色彩对比属长调强对比，那么整组对比就称为高长调；如果画面主要的色彩属低调色，色彩对比属短调弱对比，那么整组对比就称为低短调。按此方法，大体可划分为9种明度基调，如图9-4所示。

高长调：对比强、明快、开朗且坚定。

高短调：朦胧、柔和、优雅、富于诗意、女性色彩。

高中调：响亮、愉快、和谐。

中长调：稳静、坚实、具有注目性、极富阳刚之气。

中短调：朦胧、含蓄、模糊、沉闷、清晰度差。

中中调：层次丰富、清晰度高、饱满、充实。

低长调：在大面积深沉的色调中有极亮的色彩，具有强烈的视觉冲击力。犹如深沉暗夜中的灯光，给人以希望；又像苦闷压抑中一声清脆的声响，具有极强的爆发力。

低短调：阴暗、低沉、苦闷、迟钝、压抑、忧郁，使人有种透不过气的感觉。

低中调：厚重且有力度、朴素且坚实、男性色调。

各明度基调所展现的画面如图9-5所示。

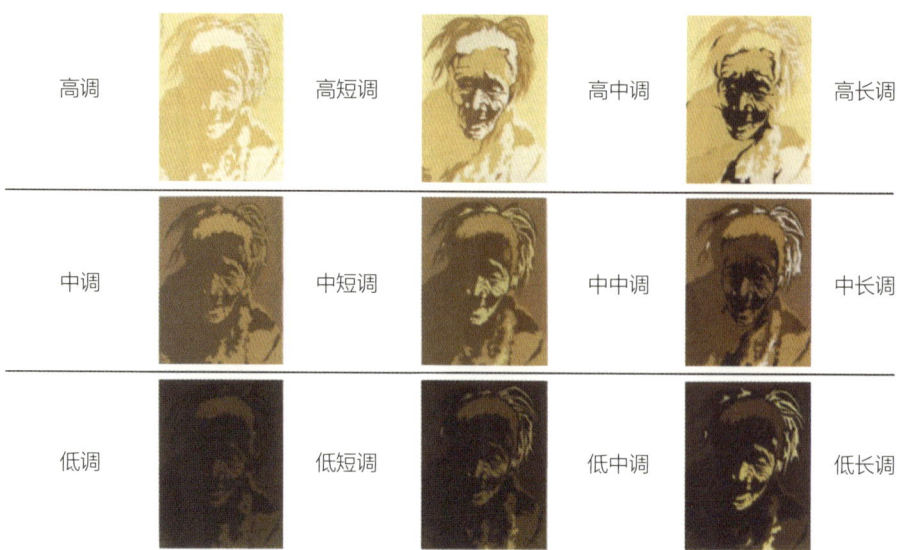

图9-5　明度基调画面

在对有彩色进行明度基调配色时应注意：在保持明度基调标准与配色和谐的同时，还应特别关注色彩的纯度和色相倾向。因为有些颜色色性极易改变，如当黄色加黑变为低调色时，立刻就会变为深绿色；紫色加白变为高调色时，立刻就变为极其优雅柔和、极富女人味的淡紫色。而有些颜色只在某种明度上最靓丽、最能发挥其最佳效果，如黄色在高明度时最辉煌，红色在中等偏低的明度中最有力量。

图9-6　室内设计中的明度基调（1）

图9-7所示是一个洗手间的设计，简洁、干净，大面积的亮色配以深咖啡色地面形成高长调。

图9-7　室内设计中的明度基调（2）

9.5　明度基调案例分析

图9-6所示的室内设计呈现的是低长调。整个空间中大部分的色彩都是低明度色（暗色），唯有床品呈现亮色，与空间其他色彩形成强对比关系，所以它是低长调、具有东南亚风格的一款室内设计。

图9-8所示的空间设计得温暖柔和，大面积的中等灰度的色彩配以局部的白色，形

成了柔和却不乏层次的中长调。

图9-8　室内设计中的明度基调（3）

图9-9所示是一款高明度、弱对比的室内设计案例，此种配色使空间明亮、温馨、亲和力强。

图9-9　室内设计中的明度基调（4）

图9-10所示是古约曼的作品《冬景》，描绘的是隆冬季节江边泊船的景象。画面以大面积高明度灰性的色彩（高级灰）为主调，配以不同明度的暗色，形成高长调。

图9-10　《冬景》（古约曼）

图9-11所示是著名抽象派艺术大师毕加索的作品《绿色静物》，画面以中明度的灰性色彩为主，配以黑、白色进行对比，稳定、儒雅的气氛中不乏明朗、活泼的律动。

图9-11　《绿色静物》（毕加索）

9.6　优秀作品赏析

优秀作品见图9-12。

图9-12　明度基调的识别与设计（学生作品）

10 课题训练　纯度基调的识别与设计

训练内容

1. 在20cm×20cm的平面空间中,分别做4种纯度基调练习。
2. 要求调性准确,绘制精细,如图10-1所示。

知识要点

纯度对比

纯度基调

训练目的

准确掌握纯度基调;提高调色与配色的能力;学会使用绘制工具及颜料,培养精细绘制的工匠精神。

图10-1　纯度基调设计示例作品

10.1 纯度对比

纯度对比是将不同纯度的色彩并置,因纯度差而形成鲜的更鲜、浊的更浊的色彩对比现象。

降低色彩纯度的方法有:混入无彩色——黑、白、灰,混入其他颜色或混入该色的补色。

两色的纯度对比越强,纯度高的一方色彩就越鲜明、越艳丽,如图10-2所示。

图10-2　纯度对比(1)

同种色彩在纯度不同的背景下，显示的色彩鲜艳度也有所不同，浊色背景下的色彩更显鲜艳，如图10-3所示。

图10-3　纯度对比（2）

两色的纯度对比弱时，会呈现出含蓄、朦胧、高级感，但对比过于接近，则会出现灰、脏、闷、单调等感觉，如图10-4所示。此时可通过调节明度获得良好的视觉效果。

图10-4　纯度对比（3）

10.2　纯度基调

每个颜色都有自己的纯度值，如图10-5所示。如红色纯度值为14，蓝绿色纯度值为6。分别将它们的纯度色标分为3段，这样红色每段有4~5个色标，而蓝绿色每段仅有2个色标。以孟赛尔色立体为例，靠近

无彩色中轴段的色称为低纯度色；中间部分为中纯度色；最外端靠近纯色段的色称为高纯度色，如图10-6所示。

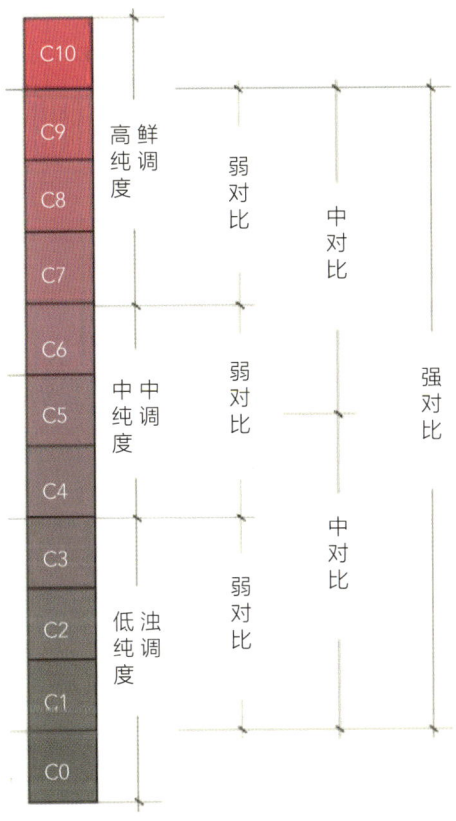

图10-5　纯度基调（1）

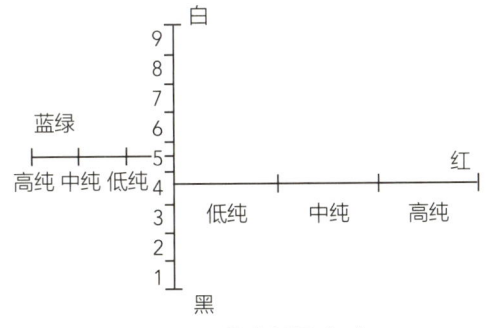

图10-6　纯度基调（2）

纯度对比中，如果画面中大面积的色是高纯度色，对比的另一色属低纯度色，那么

将形成鲜强对比；如果画面中大面积的色是低纯度色，对比的另一色属高纯度色，那么将形成浊强对比。用这种方法大体可划分为9种纯度基调：鲜强对比、鲜中对比、鲜弱对比、中强对比、中中对比、中弱对比、浊强对比、浊中对比、浊弱对比，如图10-7所示。

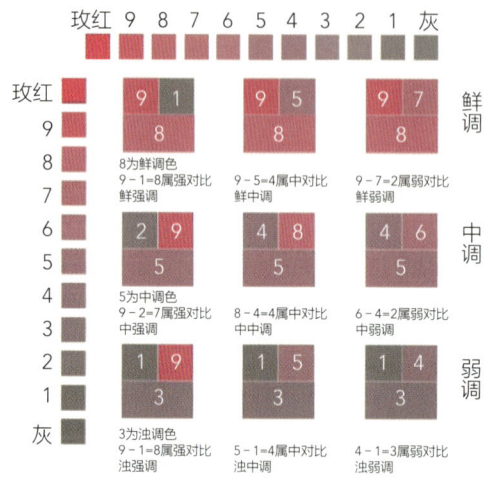

图10-7　9种纯度基调

纯度强对比：色彩效果明确、坚定，形象清晰度高，鲜色更鲜，浊色更浊。

纯度中对比：色彩效果柔和、统一，又不失变化。

纯度弱对比：色彩效果单一、微妙、含蓄、模糊、不悦目。

值得注意的是：在纯度对比中，色彩会产生异化现象。如被鲜艳色所包围的灰色，在视觉的色彩补偿作用下，会被激活，明显地倾向于该色的补色，如图10-8所示。橙色所包围的灰色，呈冷蓝灰色；蓝色所包围的灰色，呈橙灰色，如图10-9所示。

图10-8　色彩的异化现象（1）

图10-9　色彩的异化现象（2）

10.3　纯度基调案例分析

图10-10（a）所示的画面为鲜强对比，画面大面积为纯色，只有一块纯灰色与其他颜色形成强对比关系，因此它是鲜强对比；图10-10（b）所示的画面为浊弱对比，虽然画面中各色块的色相不同，但纯度都呈现为低纯度弱对比的关系，所以它是浊弱对比；图10-10（c）所示的画面为鲜弱对比，因为所有的颜色都很鲜艳，形成的是弱对比关系；图10-10（d）所示的画面为浊强对比，画面大面积的色块呈现出低纯度色，只有中间的绿色和紫色呈现出高纯度的纯色，所以它形成的是浊色的强对比关系。这四幅画面，每一幅都可谓个性鲜明。

和色相的差异，但整体呈浊弱对比，石桌的纯度略高，造型与鹅卵石呼应，相得益彰。

图10-10　纯度基调案例（1）

图10-12　家具的纯度设计（1）

图10-11所示的这幅作品为同一构图的纯度渐变关系。作品呈现出从鲜艳到中等灰度到浊灰的渐次变化，层次丰富、用色大胆，最可贵的是高级灰的色彩丰富、多样。

图10-13所示的这组椅子设计中，中间两款色彩呈鲜强对比，色彩鲜活、亮丽，在室内空间中一定会成为视觉中心；两边的两款呈浊中对比，稳健、厚重，又不失颜色。

图10-13　家具的纯度设计（2）

图10-14所示的是一个极富时尚与设计感的室内空间，造型采用了简约抽象的几何化无机形态，色彩呈现浊弱对比关系，高级感与未来感并存。

图10-11　纯度基调案例（2）

图10-12所示的这组家具为仿生设计——大自然中的鹅卵石，鹅卵石的色彩虽有明度

图10-14　室内的纯度设计

图10-15所示的插画设计，大面积浊色背景下，唯有女孩的裙子与帽子呈现鲜艳的色彩，典型的浊强对比关系突显了主体与丰富的层次感。

图10-15 插画的纯度设计

10.4 优秀作品赏析

优秀作品见图10-16。

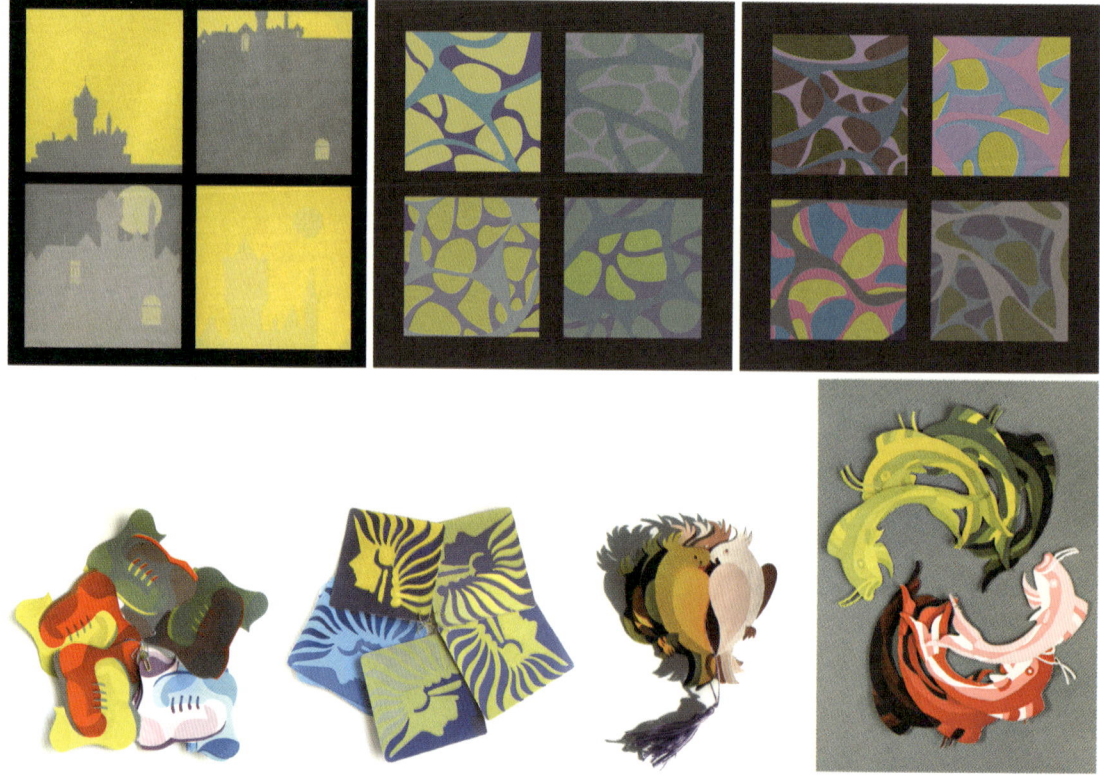

图10-16 纯度基调的识别与设计（学生作品）

11 课题训练 X形上的色彩对比与调和设计

训练内容

1. 训练内容A：在X形的平面或立体空间中，做同类色的色相对比；做邻近色的色相对比；做对比色的色相对比；做一对或多对补色调和的练习，如图11-1所示。

2. 训练内容B：

   ① 抽签确定命题：

   A.优雅感色彩设计

   B.时尚感色彩设计

   C.民族风色彩设计

   D.古朴感色彩设计

   ② 网上收集图片：可用于室内家具陈设中的沙发面料、织物、地毯等饰品，不得少于10张。

   ③ 以小组为单位，制作PPT文件。

   ④ 整理与制作时间45分钟。

   ⑤ 汇报时长10分钟。

训练提示

1. 所谓X形，是指带有轮廓造型的平面或三维立体造型（石膏模型、面具、白色杯盘、纸立体、实物等）。

2. 深刻感受二维平面及三维立体上的色彩感觉，体会平面形态、色彩、立体造型三者的相互融合。

3. 绘制可用丙烯及其他颜料。

知识要点

色相对比

色彩调和

思政元素

遵从规律——寻求辩证思维（色彩对比与调和的关系）

训练目的

根据学情自由选择A、B课题训练；准确掌握色相对比与调和的关系；提高调色与配色的能力；体会与感受在平面、立体实物上设计与绘制的乐趣，为想象力拓展更广阔的空间。

图11-1　X形上的色彩对比示例作品

11.1　色相对比

色相对比是将不同的色彩并置，因它们相貌属性的差别而形成的对比现象。

色相对比的强弱取决于各色相在色相环上的位置。从色相环上看，任何一个色相都可以以自我为中心，形成同类、类似、邻近、对比和互补色相的对比关系，如图11-2所示。

同类色相对比：指色相距离15°以内的对比，是色相中最弱的对比。与其说它是色相对比，不如说它是色相调和。

邻近色相对比：指色相距离约60°的对比（最多不超过90°），属色相的中对比。

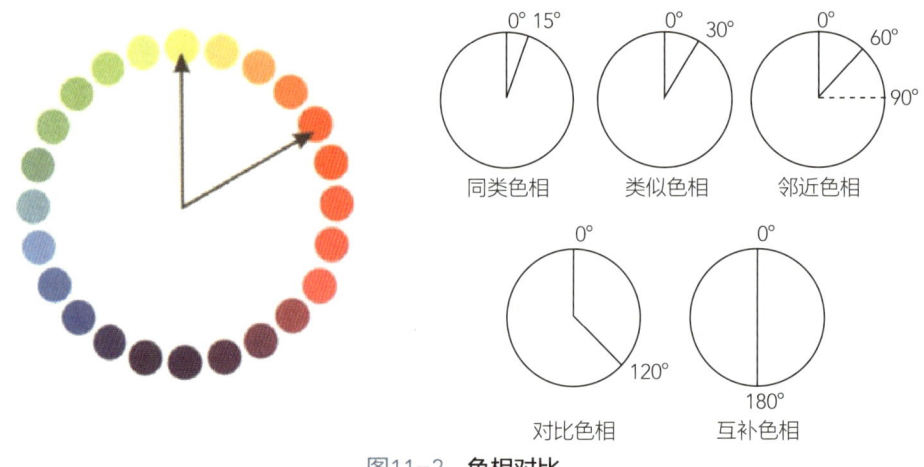

图11-2　色相对比

对比效果既有统一的因素，又不失变化，活泼且丰富。

对比色相对比：指色相距离120°左右的对比，属大跨度色域的强对比。这种对比具有鲜明的色相感，对比效果活泼、兴奋、强烈、极富动感。

互补色相对比：指色相距离180°的对比，是色相中最强的对比，也是色相对比的极致与归宿。在三对补色中，黄与紫是明度对比的极端；橙与蓝是冷暖对比的极端；红与绿则是纯度对比的极端。每一对补色都包含三原色，三原色相混合产生中性灰色，因而补色对比易使眼睛产生视觉满足。

补色对比效果活跃、生动、饱满、刺激，但不够含蓄、雅致，过分刺激会产生幼稚、原始的感觉。

补色对比适用于短时间内必须给视觉以强刺激且要求注目性极高的街头广告、商品包装、橱窗设计、具有夸张感或民族风情的室内设计等。同时，补色调和在色相对比中最难处理，需要我们具有较多的配色经验。

图11-3　色相对比案例

11.3　色彩调和

色彩调和是指多种色彩有秩序、和谐地组织在一起，能够使人产生愉悦、平衡、满足的感觉。

色彩对比可以获得刺激、热烈、注目的视觉效果，但过分强烈的对比会给人一种不协调的感觉，这时可采用调和的方法，缓解因对比不当带来的不和谐。色彩调和的最终目标是：在色彩力量的对抗中求得和谐，追求色彩多样性的统一。

（1）混入同一颜色的调和

在强烈的色彩对比中，混入同一色，或白、或黑、或灰、或某一种颜色，使对比中的色彩具有同一种色彩成分，削弱对比的刺激性，增强调和感。此种方法是获得色彩调

11.2　色相对比案例分析

图11-3所示的画面呈现了同类色对比、类似色对比、邻近色对比、对比色对比、补色对比等色相的对比关系，生动形象地展现了一幅动漫作品从统一用色到对比用色的全过程。

和常用的、最有效的方法之一。

（2）颜色的互混调和

对于强烈对比、过分刺激的色彩双方，使其中一色混入另一色，如红与绿，红色不变，在绿色中混入红色，使绿色含有红色的成分，增加同一性。也可以双方互混，如在红色里混绿色，同时在绿色里混入红色，做到"你中有我、我中有你"，使双方的色彩向对方靠拢，以达到调和的目的。但要注意在互混时，防止纯度过低产生灰脏的现象。

（3）点缀同一色彩的调和

所谓点缀色，是指在画面中所占面积小而分散的色彩。对于强烈刺激的色彩双方，共同点缀同一色彩，或将其中一方的色彩点缀进另一方，都能取得一定的调和感。

（4）间隔色彩调和

在色彩运用中，当对比的色彩过分刺激显得十分不和谐，或色彩过分含混、模糊不清时，为了让画面达到统一调和的色彩效果，可用黑、白、灰、金、银或同一色线加以勾勒，使之既相互连贯又相互隔离，从而达到丰富而统一的目的，如图11-4所示。

图11-4　间隔色彩调和

（5）渐变秩序调和

在对比强烈的两色中，置入等差、等比的渐变色彩，会使对比变得柔和。就像音符中的低音6到高音2，它们之间相差11度，跳跃性很大。假如在低音6与高音2之间加入几个过度音符，形成6 2 4 6 2的结构，就能轻松地唱上去，并且会使听者在听觉和心理上更加舒服。渐变秩序调和，可得到有节奏的调和效果。

（6）几何形秩序调和

这是一种不依赖于色彩要素的一致性，而是依靠某种组合秩序来实现色彩关系和谐的配色方法。首先，在色相环上设定某色彩为配色中心，然后以三角形、四角形、多角形等几何图形为配色的依据与秩序，从而获得理想的配色。若遇到三对补色同时出现，要注意主次关系与面积关系的处理。

（7）主调调和

当多种色彩在一个画面中出现时，为了使多种色彩的丰富感仍然保留，但还要使多色所带来的冲突感减弱，色彩趋于调和，可采用将色彩统一在一个主调中的方法进行调和。

（8）笼罩色调调和

将画面所有的色彩均控制在一个调子中，就像在黄光的照射下，所有物体都会呈现黄味一样。红色带黄味呈现出红橙色，绿色带黄味呈现出黄绿色。此种调和方法，强调的是笼罩的统一感。

（9）色面积与平衡

色面积是取得视觉平衡的关键。当两种颜色如红与绿，以1∶1的面积出现时，这两种色的冲突势均力敌，可谓达到了高峰，我们称之为抗衡调和法。如果将双方的面积比例调整为2∶1，一方的力量扩大到足以控制画面的整个色调，而另一方力量被削弱到只能作点缀与陪衬，此时，色彩对比减弱、统一感加强，我们称之为优势调和法。抗衡调和法适用于距离观者较远的街头宣传广告、招贴及小商品包装、商标、标志等；优势调和法适用于服装设计、室内设计、展厅布置等。

对于纯色色量平衡比例关系，歌德很早以前就提出了量化标准，具体如下。

黄∶紫=3∶9=1∶3=1/4∶3/4；
橙∶蓝=4∶8=1∶2=1/3∶2/3；
红∶绿=6∶6=1∶1=1/2∶1/2。

以上这些量化标准只能作为选色的参考，因为大量的配色并不只是应用纯色，平衡也并不是色彩表现的唯一追求，打破平衡的面积比例，将会产生另外的富于表现力的特殊效果，也是对美的追求。

（10）位置与效果

色彩在空间中都有具体的位置，位置改变，构图关系随之改变，色彩效果也会受到影响。通常，两色远离时对比最弱；接触时对比较强；切入时更强些；一色包围另一色时对比最强。

符合视觉重心的色彩设置将为画面带来精彩与平衡的视觉效果。从正常的平视角度讲，以视点为中心，左右大于上下的椭圆形范围称为人眼的有效范围。在有效范围的中心偏右上这一点，可看作是视觉中最活跃的位置，即视觉中心点。另外，黄金分割中的黄金涡，同样显示出生命的力量。它向外、向上的运动张力，能锁住人游离的视线，如图11-5所示。人的视线总习惯于从左看到右，从上看到下。因此，视觉常常会要求画面的右边或下边形成有分量的停顿点，给心理带来完整、平衡的感觉。如果将画面主题有意地安排在左边，则会带来一种发展、延续的效果。

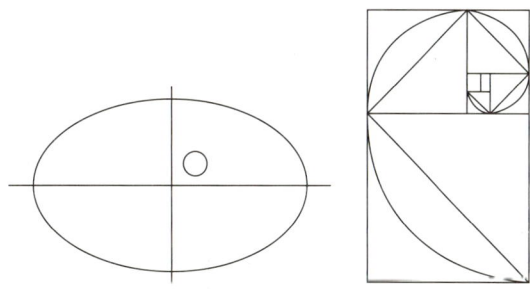

图11-5　视觉中心点

以上是根据人的视觉及美学经验总结的视觉中心点的理想位置。然而，艺术没有限定的界限，色彩位置的确定也应追求灵活多变。同时，还应注意色彩间的呼应与平衡关系。

11.4　色彩调和案例分析

图11-6所示的这幅画面采用了红、橙、黄、青、蓝、紫色，几乎是全色相，呈现出丰富多彩且又不凌乱、极富秩序的视觉效果。这幅作品采用了渐变秩序调和的方法。

造型采用近大远小的透视规律；色彩采用分组的形式，从近景到远景分别是冷—暖—冷—暖的规律；色彩渐次的变化形成协调、统一且具有节奏感、多样化悦目的效果。

图11-7　几何形秩序调和案例

图11-6　渐变秩序调和案例

图11-7所示的这幅作品的配色非常丰富，几乎是全色相。当采用色相环上三角形、四角形、多角形等几何图形为配色的依据与秩序时，会获得较为理想的配色。但合理有效地组织安排色彩，也是十分重要的。这幅作品在施色时，非常有控制力，且色彩的色相、明度、纯度关系处理得丰富且有秩序，是一幅十分优秀的作品。作品按照建筑景物前景、中景、背景的顺序，由一组纯色推进到一组中等明度的高级灰，又推进到较为明亮的浅灰黄色。除此之外，作品还运用了以黑色线条来做间隔调和强化前景的方式；中景的建筑群落用不同冷暖的三组高级灰配色，用得丰富、雅致且有层次。

在一个画面中有多种色彩，如果在不想改变这些色彩的色相、纯度、明度的情况下，还能让这幅作品具有统一的效果，我们可以怎样做呢？可以通过控制色面积来达到，如图11-8所示。在多种色彩中确定一个主调，或以冷色为主，或以暖色为主，将主调色的面积加强，而其他色彩则成为点缀色。这样既能达到统一、调和的目的，又能保留色彩的丰富性与多样化。

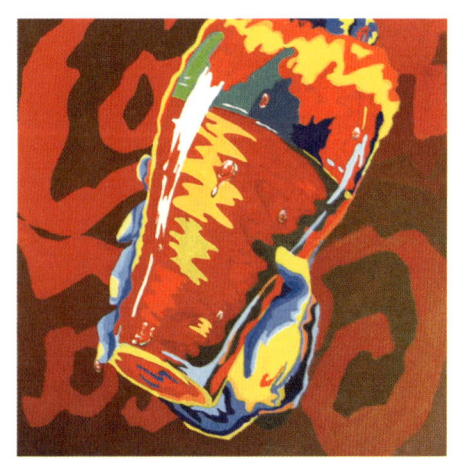

图11-8　**主调调和案例**

图11-9所示的这幅作品将画面中所有的色彩均控制在一个调子中，就像在蓝光的照射下，所有物体都会呈现蓝味一样，既调和又不失变化。

图11-9　笼罩色调调和案例

11.5　优秀作品赏析

优秀作品见图11-10至图11-14。

图11-10　X形上的色彩对比与调和设计（学生作品）

图11-11　时尚感色彩设计

图11-12　优雅感色彩设计

图11-13　古朴感色彩设计

图11-14　民族风色彩设计

12 课题训练　四折页上的色彩情感表达设计

训练内容

1. 在四折页上，对四个人物、四种场所、四种食品、四个节日或四种乐器等做不同色彩情感的表达，如图12-1所示。
2. 从单个作品角度考虑，应采用准确的色彩和丰富的层次及抽象的形态来表达感受与意境，以达到神似、意境相似的境地。
3. 从四折页整体角度考虑，应注意图形面积、疏密关系、版面构图、文字处理等问题。

知识要点

色彩联想与色彩联觉

不同感觉的色彩表现

设计思维提示

通感引发联想——联觉现象

思政元素

热爱生活——感知美好事物（色彩联想）

调动五感——表达生活美学（色彩联觉与色彩表现）

训练目的

仔细体会所选事或物的感受与意境，并用准确的色彩关系、形态及画面来表现，以达到神似或意境相似的境地；提高联觉系统的敏感度与色彩的表现力以及对整幅作品在版式方面的整合能力。

图12-1　色彩情感表达示例作品

12.1 色彩联想

当人们看到某一种颜色时，时常会由该色彩联想到与其关联的其他事物，这些事物可以是具体的物体，也可以是抽象的概念，由此基础上还会引发更为深层意义的心理效应。如人们看到红色会联想到太阳、火焰、血液、花朵、红旗、节日庆典等具体事物，进而会产生兴奋、活跃、热情、喜庆、饱满、有生命力、有挑战意味等心理效应，同时还会产生革命、政权、号召力与积极向上的情绪。色彩的联想往往与平时生活的经验密切相关。

12.2 色彩联想案例分析

图12-2所示是著名抽象派艺术大师毕加索的作品《弹吉他的失明老人》，画面是一位弓背盘坐在街头弹吉他的老者，他的表情无奈而凄苦，画面的色调更加重了这种悲凉、凄苦、哀怜的气氛。

图12-2 《弹吉他的失明老人》（毕加索）

图12-3所示是国际著名的日本导演黑泽明的作品《乱》的电影海报。这部电影的灵感来自莎士比亚笔下的《李尔王》，它表达的是兄弟自相残杀的一个家族衰败史，整个故事充斥着死亡和人性的泯灭。画面表达的是清晨将士们出征的场景，但能感觉到一股强烈的即将剑拔弩张的紧张，将士们甚至不知道前方等待他们的是什么。白马身上的色彩清冷、阴郁；将士们盔甲和表情阴沉、冷酷；画面中一点暖黄色却表达了战争的标识；猩红、冲击力极强的"乱"字更加重了死亡的恐惧，似乎在画面中能听到马蹄的窸窣声和行军时铠甲冰冷的摩擦声，这更使得画面充满了战争、杀戮、死亡、阴郁、神秘的宿命色彩。

图12-3 《乱》的电影海报

图12-4所示的画面造型为相似形，有统一的方向感，层出不穷、色彩丰富且鲜艳，表达的是喜乐、动感、生命力、活泼和愉悦的气氛。

图12-4 相似形作品

12.3 色彩联觉

色彩本身并没有灵魂，它只是一种物理现象，并无感情。但人们却能感受到色彩的情感，这是因为人们长期生活在一个多彩的世界里，积累了许多视觉经验，一旦视觉经验与外来的色彩刺激发生一定的呼应，就会在人的心理上引发某种情绪，或喜、或悲、或酸、或甜……

事实上，这种情绪、情感就心理学角度来讲，是一种同构关系。即一种色彩可能与大脑中存储的以往经验（或一件具象物体，或一个抽象词汇，或一个场面，或一首乐曲，或一种味道），建立起某种对应关系，从而产生信息交换，引发共鸣，进而赋予这个抽象的色彩以新的情感与生命。能够与视觉感官进行信息交换，进而引动情感的其他感官有听觉、味觉、嗅觉、触觉等，我们称这种现象为通感或联觉。

（1）视觉与听觉

我们平常对某件作品评价时所说的"这种色调看起来很嘈杂"，或者说"这两种颜色搭配很和谐"，这里的"嘈杂"与"和谐"均属于听觉范围。通常低音代表低明度色彩，高音代表高明度色彩。在国外，有些残疾人学校的教师就是用音乐来向那些先天失明的学生灌输色彩的概念。如一段激昂的音乐表示红色；一段欢快的乐曲表示黄色；一段庄重的音乐表示黑灰色；一段柔和的乐曲表示浅粉色等。体现视觉与听觉关系的作品如图12-5所示。

图12-5 视觉与听觉的色彩表现

（2）视觉与味觉

色彩与味觉的关系也非常受重视，因为适当的色彩可以增进人的食欲。当人们评价一道好菜时，总是说"色香味俱佳"，这是典型的联觉现象。心理学家认为，暖色系的食物具有营养感，比冷色系的食物更容易让人有胃口、易下咽。

（3）视觉与嗅觉

色彩还可以对嗅觉产生作用，最常见的是由某种色彩联想到某种花香。如白色会使人联想到茉莉花、玉兰花和百合花的香味；黄色则使人联想到夜来香气味；桃红色会使人联想到桃花的芬芳；淡紫色给人以丁香花清雅的气息。而褐色会使人联想到咖啡的浓醇；青苔绿与灰白色搭配可能会让人联想到抹茶的清香，也有可能会产生发酵与腐败的感受。

（4）视觉与触觉

色彩与触觉的关系也是同一个道理。如红色与蓝色的物体虽然同质，但用手去摸，会给人造成红色物体温暖、蓝色物体冰凉的感觉。同样，明亮的色彩与暗浊的色彩相比，更显洁净、愉悦的触感。

色彩情感的表达与人的主观因素有着密切的关系。它一方面由个人的状况，如性别、年龄、职业、教育、宗教等诸多因素决定；另一方面受个人的特殊经历与心理情感的影响。如某个人经历过一个凶杀现场，目睹了血流遍地的场面，那么红色在相当长的时间内，对于他来说就代表着野蛮和恐怖。而对另一个人来说，如果他初恋的情人常穿红色的衣服，红色则在他心目中代表着柔情。

12.4 不同感觉的色彩表现

（1）冷暖感的色彩表现

从色彩心理学角度考虑，红橙色被视为最暖色；蓝绿色被视为最冷色。它们在色立体上的位置分别称暖极、冷极。而离暖极近的称暖色，如红、橙、黄色系；离冷极近的称冷色，如蓝绿色、蓝紫色等；绿色和紫色被称为冷暖的中性色。

实际上，色彩的冷暖只是一个相对的概念，在同一色相中也有冷色感与暖色感的区别。如红色相中，大红比玫瑰红暖，但比朱红冷，朱红又比红橙冷。任何色彩处于相互对比的关系中，都会有冷暖感。冷暖感的色彩表现如图12-6所示。

图12-6 冷暖感的色彩表现

（2）前进与后退的色彩表现

颜色的前进与后退可造成色彩的空间感。从色相上看，暖色具有前进感；冷色具有后退感。而从明度上看，亮色具有前进感；暗色具有后退感。在同等明度下，纯度越高的色越靠前；纯度越低的色越靠后。前进色因膨胀而显得比实际面积要大，又被称为膨胀色。

而相同色相、明度、纯度的两块颜色若面积不同，一样会产生前进与后退的视觉效果。一般来说，大面积色有前进感；小面积色有后退感。大面积色包围下的小面积色有前进感。同等色性同等面积的两色，造型完整的、单纯的形有前进感；分散的形、复杂的形则有后退感。前进与后退的色彩表现如图12-7所示。

色等。明度相同时，纯度高的比纯度低的色感觉轻；冷色比暖色感觉轻。对比强的色有重量感；对比弱的色有轻薄感。轻与重的色彩表现如图12-8所示。

图12-8　轻与重的色彩表现

明度高、纯度低、弱对比的颜色有柔软感；明度低、纯度高、强对比的颜色有坚硬感。无彩色系中，黑与白是坚硬的，灰色呈现柔软感。软与硬的色彩表现如图12-9所示。

图12-7　前进与后退的色彩表现

（3）轻重与软硬的色彩表现

色彩的轻重感主要与明度有关。明度高的色彩，使人感觉轻，如白、黄等高明度色；明度低的暗色，使人感觉重，如黑、深蓝、褐

图12-9　软与硬的色彩表现

（4）华丽与朴素的色彩表现

色彩的华丽与朴素感与色彩三属性均有关。明度高、纯度高的颜色显得鲜艳、华丽，如孔雀的羽毛、舞台布置、装饰豪华的宫殿等；明度低、纯度也低的颜色易显得朴实、稳重，如褪色的衣物、古旧的城墙、出土的彩陶等。就色相角度讲，高纯度的红、橙、黄有华丽感；漂亮的钴蓝、湖蓝、紫与绿同样也有华丽感。以色调来说，明亮而强

烈的色调给人以华丽感；暗色调、灰色调、泥土色系则给人以朴素感。华丽与朴素的色彩表现如图12-10所示，体现华丽感的作品见图12-11。

面效果明朗且有个性，尤其是儿童节色彩表达得准确、单纯、清爽。高明度蓝、绿两色分割的底子托起纯度高且色彩鲜艳、勾勒白边的风车，浪漫的气泡和大小不一、构图毫无拘束、自由自在的星星，非常准确地表达了儿童时期的自由、童趣、单纯和幸福。国庆节表达得简洁、明快，没有多余的笔墨，节日气氛却表达得淋漓，层次恰到好处。最可贵的是灯笼与烟花碎屑突破方形画面，更能表达节日自由、欢乐的气氛。

图12-10　华丽与朴素的色彩表现

图12-11　华丽感的色彩表现作品

12.5　优秀作品解析

图12-12所示的这幅作品表达的是情人节、儿童节、清明节、国庆节四个节日。画

图12-12　不同节日的色彩情感表达（1）

图12-13所示的这幅作品表达的是情人节、冰雪节、植树节和清明节四个节日。每幅作品的色彩运用都非常准确，画面层次丰富且有个性。尤其是植树节的画面层次分明，点与线的运用具有节奏与韵律美；树木与泥土的渐变用色彰显了生命的律动感。情人节画面的层次虽显简洁，但点与线的运用自由，色彩温馨而不失浪漫。冰雪节画面的内容和层次丰富，冷色展现了冰雪的特质，冷暖结合突显了节日热烈的气氛。清明节画面清冷而悠远，有一种祭奠和怀念故人的情怀。

图12-14所示的这幅作品表达的是太阳

图12-13　不同节日的色彩情感表达（2）

系的四个星球，分别是火星、水星、木星、金星。画面每一幅作品的造型与色彩运用都十分合理且准确。尤其是火星与水星，由于火的红色与水的蓝色，明度差拉得开，纯度也有微妙的变化，因而画面层次表达非常丰富，层出不穷。同时，画面配以大小不同的点，使作品更具韵律与节奏感。木星与金星的画面中，对木和金的质感表达也准确、合意。同时能够看出，设计者很重视对造型与层次感的表达。

图12-15　四个星球作品封面设计

图12-14　四个星球的色彩情感表达

图12-15所示是四个星球作品封面的设计。设计者有意采用了无彩色——黑、白、灰来表达，意图在于衬托四折页主体设计，不喧宾夺主。但美中不足的是中间镂空的心形过于复杂，有些画蛇添足。

图12-16所示的这幅作品表达的是四种昆虫，从左至右依次是瓢虫、痒辣子、菜青虫和蝴蝶。四幅作品都没有出现任何昆虫的全部形象，但色彩表达却非常形象、准确。第一幅瓢虫的画面采用了弧线造型与小圆点的配合，色彩表达突显了瓢虫的固有色与秋天的时令色彩。第二幅痒辣子的画面采用黑色线条与红黄颜色配合，非常简洁、概括，表达了痒辣子危险有毒的特征，达到了神似的境界。第三幅菜青虫的画面，从中能读到菜青虫的蠕动和啄食菜叶的感觉，以及菜青虫的快乐与满足感。第四幅蝴蝶的画面设计得非常微妙，将蝴蝶身上的条纹提取，再配以艳

第二单元　色彩设计实训

图12-16　四种昆虫的色彩情感表达

丽的色彩，巧妙地彰显出蝴蝶唯美的气质。

图12-17所示是一幅有关美食的作品。它们依次是比萨、汉堡、重庆火锅和墨西哥鸡肉卷。是不是都很有食欲呢？第一幅比萨画面中，设计者采用了高短调，颜色绚丽而丰富，又不失营养感，将意大利比萨的浪漫与美味融合在了一起，会让人产生一种轻松浪漫的幸福感。第二幅画面是大汉堡，看到它会让人联想到麦当劳的巨无霸，是不是咬上一口会非常过瘾呢？第三幅画面是中国重庆的火锅，画面中好像各种食材被麻辣染红了、沸腾了，弥散着重庆火锅特有的香气，让人感受到一种酣畅淋漓的香辣。第四幅画面是墨西哥鸡肉卷，鸡肉、蔬菜、辣椒的色彩包裹在一起，产生了一种混搭的美味，您感受到了吗？

第二幅画面表达的是钢琴，第三幅画面表达的是萨克斯。在表达钢琴的这幅画面中，观者能读到钢琴的节奏与律动，以及钢琴演奏时所散发出来的活力、美好和轻松的气氛。在表达萨克斯的这幅画面中，设计者采用了低长调。用大面积的暗色，配以小面积的蓝、紫色，以此来表达萨克斯音律的低沉与稳静；用小面积的红、橙、黄的渐变，来表达萨克斯演奏高潮时的律动与浪漫。看到这样的画面，我们似乎真的能听到那低沉而浪漫的萨克斯音乐。

图12-18　四种音乐的色彩情感表达

图12-19所示是水果的四折页封面设计，它是用色卡纸拼贴而成的，是不是别具一格呢？

图12-17　四种食品的色彩情感表达

图12-18所示是一幅有关音乐的作品。

图12-19　四种水果作品封面设计

图12-20所示四折页的内容从左至右分别是菠萝、草莓、葡萄和水果什锦。可以看到从封面到内容，设计者不仅采用了画的形式，还采用了剪切粘贴的形式。每幅作品的

色彩运用准确、到位，形态设计取舍有度，达到了神似和意境相似的境界，是一幅整体感非常强的作品。

图12-20　四种水果的色彩情感表达

12.6　优秀作品赏析

优秀作品见图12-21至图12-30。

图12-21　四种音乐作品封面设计

图12-22　四种自然现象的色彩情感表达

图12-23　四种自然现象作品封面设计

第二单元　色彩设计实训

图12-24　不同食品的色彩情感表达

图12-25　四种动物的色彩情感表达

图12-26　四种场所的色彩情感表达　　图12-27　不同饮品的色彩情感表达

设计构成思维实训

图12-28　四个节日的色彩情感表达

图12-29　四种心情的色彩情感表达

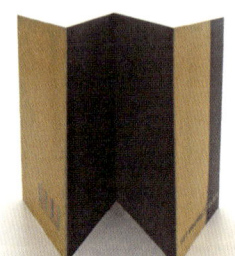

图12-30　四折页作品封面设计

13 综合应用课题 个人形象的宣传手册设计

训练内容

1. 从理性上多角度分析自己，包括性格、喜好、兴趣、生活理念、个人经历及典型事件等，以关键词来描述。
2. 以具象形象或隐喻图形来进行感性表达。
3. 采用的平面图形、立体造型、色彩、文字及版式设计充分表现个人风格与特点，整体设计应具有形式美感、时尚感与个性。
4. 采用宣传手册的形式，具体样式自定，不得少于四页。

设计思维提示

类比思维法

思政元素

谦卑虚己——类比寄寓抒情（类比思维法）

训练目的

综合前面所学的二维设计、色彩设计的知识，在以个人形象为主题的设计中，通过类比思维、平面图形、色彩、文字及版式勾勒自己的形象，宣扬个性与个人理念；同时通过设计与制作，了解平面设计的创意过程，培养准确把握设计定位并能够以适当的形式进行设计表现的能力。

本课题在设计创意时，除采用类比思维法外，还可采用发散思维法、聚合思维法。如可将自己想象成一只小鸟、一颗种子、一粒纽扣、一棵大树或一个创意超人等，以此来进一步讲述自己的理念及故事。

13.1 类比思维法

类比思维法是根据事物之间在现象或本质方面有类似之处而建立起来的联想。类比思维法主要突出事物间的共同性和相似性，目的在于运用借喻或隐喻的方法表达主题。

（1）拟人类比法

拟人类比法是创意者将人的属性、思想赋予创意对象，使其具有拟人化的特征。具体地讲，就是在创作的过程中，设计师把自己的思想、情感、理念、观点等注入类比的创意对象中，在意念中将其变为有血有肉的生命体，进而表现自我。我们可以将生活中的一切物品均当作有机的生命体去看待，它会给人们带来不同的视角与意想不到的惊喜，如图13-1和图13-2所示。

（2）象征类比法

象征类比法是借助事物的特征、特点符号，表现某种抽象概念或情感的方法。它的特点是把抽象的问题具体化，把概念形象化、立体化，为创意开辟新的途径，如图13-3至图13-5所示。

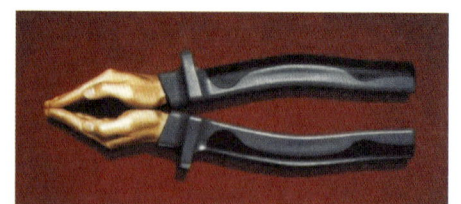

图13-3　钳子的象征类比联想

图13-4　手机的象征类比联想

图13-1　拟人类比联想

图13-2　钉子的拟人类比联想

图13-5　机械手臂的象征类比联想

13.2 优秀作品赏析

优秀作品见图13-6。

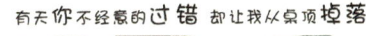

图13-6 类比联想

第三单元

三维设计实训

单元提要

本单元是针对二维的概念所提出的，它涉及二维平面以外的空间、材质、结构等三维造型方面的问题。内容包括三维形态、空间、材质、结构、色彩、肌理等内容。目标在于：对三维形态点、线、面、体，以及空间、材质等要素的宏观与微观的理解，在此基础上研究这些造型要素的相互关系、结构、连接方式、形式美法则等。培养对空间造型的塑造力与表现力，能够灵活地掌握三维形态的造型规律，赋予造型鲜活的生命力与寓意；同时，具备设计应用能力，为日后的专业设计课程打基础。作为一门设计基础课程，如何让所学的知识在今后的设计实践中得以应用，才是重中之重。

14 课题训练　从平面到立体构筑半立体造型设计

训练内容

1. 采用抽象或具象图形进行半立体造型设计，如图14-1所示。

图14-1　半立体造型设计示例作品

2. 造型符合形式美的规律。
3. 在25cm×25cm的范围中进行设计，素描纸、色卡纸均可。

知识要点

半立体造型

半立体造型的原理与方法

设计思维提示

立体思维法

思政元素

精益求精——培养工匠态度（半立体造型的制作）

训练目的

掌握从平面到半立体的造型方法，建立半立体空间的思维意识；充分发挥想象力，体会半立体造型过程中的乐趣。

14.1　半立体造型

艺术设计的主要任务是形态创造，是利用一定的物质材料，使用一定的工具，运用一定的形式美规律，为达到一定设计目的而进行的创造性活动。

半立体造型是在平面材料上进行立体化加工，使平面材料在视觉和触觉上有立体的效果，但还不是真正的三维立体。

半立体的材料多为纸张、塑料板、有机玻璃、木板、泡沫板、石膏等。

14.2　设计思维提示

众所周知，单一的平面思维模式是不能完全适应人们对事物越来越深入的认识需求的，我们需要对认识对象采取多方位、多角度、多层次、多手段的思索与考察，力求真实地反映事物整体与环境周遭的联系，从而得到启示。

因此，提出一个概念——立体思维法。立体思维法也称整体思维法或空间思维法。

立体思维要求人们跳出点、线、面的限制，有意识地从上下左右、四面八方等各个方向去考虑问题。

立体思维涵盖了思维的深度、广度和高度，善于从大局着眼，从宏观的高度寻找微观层面问题的解决办法。

★**课堂快题** 怎样让一张纸片立体起来（限时5分钟）？

①每人在10cm×10cm的纸上进行尝试。

②方案越多越好。

图14-2 半立体造型的形式

14.3 半立体造型的原理与方法

半立体造型的原理：具有平面感的纸张转变为立体感的造型，主要是源自深度空间的增加。

半立体造型的方法：折叠（直线折叠、曲线折叠）、弯曲（卷曲、扭曲、螺旋曲）、切割（直线切割、曲线切割）。

半立体造型的形式：不切多折、一切多折、多切多折，如图14-2所示。

14.4 半立体造型的延伸

板式造型：瓦楞折结构（图14-3）和蛇腹折结构（图14-4）。

图14-3 瓦楞折结构

图14-4 蛇腹折结构

具象造型：以自然界的物象为基础，赋予其半立体的造型效果。

14.5 训练操作提示

①意在笔先，先构思，做到心中有数。
②铅笔定位，实线为切割线，虚线为折叠线。
③刀背刻压易于折叠。

14.6 案例分析

图14-5所示是一匹长有翅膀的白马，它是怎样制作的呢？设计者以马身为基础，向后、向前将马的四肢、鬃毛、尾巴和两翼翅膀分成不同的造型层次。为了体现立体效果，将每层之间附上有厚度的卡纸块儿，再将翅膀、鬃毛等软体部分的边缘进行卷曲，在光线照射下，形成了天马惟妙惟肖的奔跑姿态。

图14-5 半立体造型设计作品（1）

图14-6所示是一个板式半立体造型的作品，它以方形和菱形为母形，两个造型都采用多切多折的手法，好似开窗式的造型交替重复，在视觉上形成了节奏、凸凹与虚实的对比关系。

图14-6 半立体造型设计作品（2）

图14-7所示的作品都可圈可点。第一幅作品圆形与直线相交，表现了向心力。同时，U形切割的手法结合渐次变化的块面，彰显了强烈的凸凹虚实关系。第二幅与第三幅作品都采用瓦楞折的手法，但它们各有不同。第二幅旋转式瓦楞折，展示了好似风车一样的方向与律动感。第三幅则端庄、大气、细腻、精致。画面中间，渐次变化的瓦楞折与多切多折后产生的微妙黑白灰关系，非常容易锁住观者的视线，会形成一股唯美的向心力。第四幅画面，在瓦楞折的基础上利用拉引、凸凹制作的一个大箭头，更使得观者的视线长久停留在画面中，不易游离。

图14-8所示的这幅作品看似复杂，实

际上它的母形就是一个平面圆形切一刀后的弯曲。但是设计者在画面的组织与排列方面非常用心，形态的大小、疏密、方向感和整个画面排列的动线都设计得非常具有形式美感，有四两拨千斤的效果。

的随机色彩，组成的具有疏密感的非对称造型。一幅端庄、清丽、秀美；一幅时尚、婀娜、雅致。

图14-7　半立体造型设计作品（3）

图14-9　半立体造型设计作品（5）

图14-8　半立体造型设计作品（4）

图14-9和图14-10所示的这两幅作品都是利用纸的卷曲制作的。一幅是蓝白两色搭配的对称半立体造型；一幅是利用杂志内页

图14-10　半立体造型设计作品（6）

14.7　半立体造型在设计中的应用

半立体造型在书籍设计、贺卡设计、灯具设计、室内设计、家具设计等方面都有应用，如图14-11至图14-15所示。

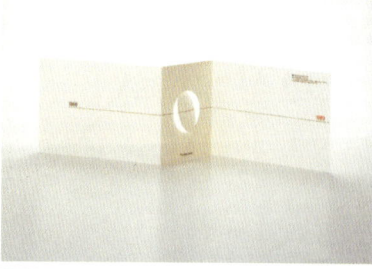

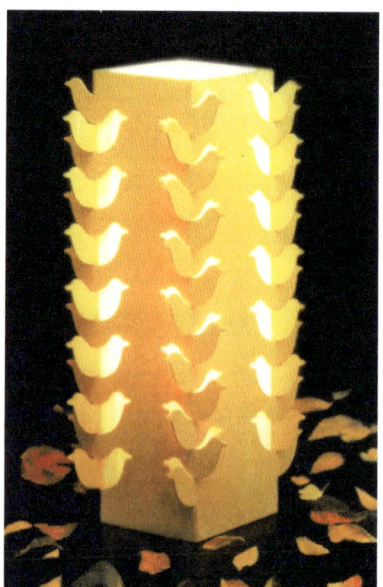

图14-11 半立体造型在书籍设计中的应用   图14-12 半立体造型在贺卡设计中的应用   图14-13 半立体造型在灯具设计中的应用

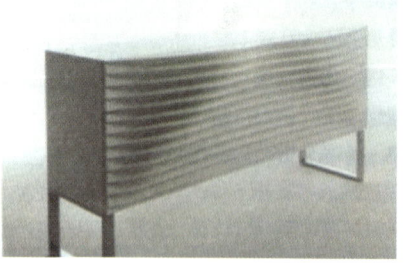

图14-14 半立体造型在室内设计中的应用   图14-15 半立体造型在家具设计中的应用

14.8 优秀作品赏析

优秀作品见图14-16。

第三单元　三维设计实训

图14-16　半立体造型设计

15 课题训练　材质的极限挑战

训练内容

1. 利用二次回收材料或现有材料,做最大限度的挖掘与开发。
2. 发挥材料的特性,创造出带有不同表情的造型,如图15-1所示。
3. 将9张尺寸10cm×10cm的作品装裱在35cm×35cm的硬质纸框中。

知识要点

材料分类

认识材质、感受材质

同种材质的表现

游戏情境

曲别针的用途

设计思维提示

发散思维法、横向思维法

思政元素

挖掘潜能——挑战材质极限(通过挑战材质的极限训练,发现设计者自身潜能)

训练目的

对材料最大限度地开发与应用,了解材料的可塑性;学会用材料特性进行设计思考,提高创新能力,体会材料开发与设计创新的挑战与乐趣。

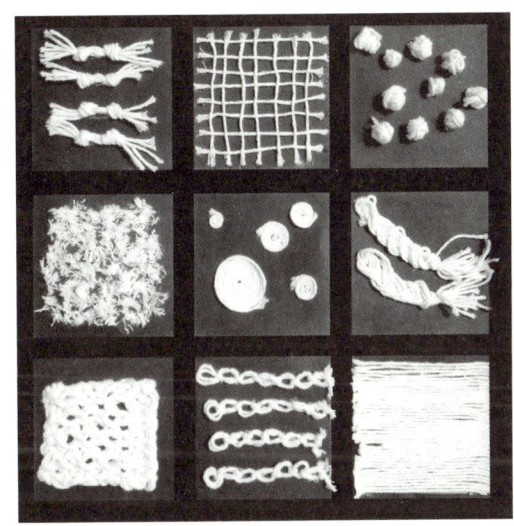

图15-1　材质的极限挑战示例作品

15.1 材料分类

材料是一切造物活动的基础。

三维造型形态与二维相比,最重要的一点就是材料的介入,材料在三维造型中有着举足轻重的作用。材料本身的质地特征、体积特征以及它可能产生的结构组织特征都对造型有直接的影响。

由于材料的特殊性与多样性,它的分类方法也不是单一的。

按来源角度分,主要有两类:自然材料(石材、木材、沙子、毛皮、竹等)和加工材料(陶瓷、石膏、玻璃、纸等)。

按物质结构来分,可分为无机材料(玻璃、石膏、陶瓷等)、有机材料(皮革、塑料、橡胶等)、金属材料(金、银、铜、铁、铝等)、复合材料(合成树脂、合金、钢筋混凝土等)。

在三维造型设计中,最直观常用的是按照材料的形态进行分类。

点状材料包括石子、玻璃球、钢珠、棋子、药粒、扣子、豆粒等。

线状材料包括纤维线绳、丝线、竹签、彩带、玻璃条、塑料管、铁丝、木棒、藤条、纸带等。

板状材料包括纸板、木板、铝片、纤维板、玻璃板、KT板、塑料网板、金属网板等。

块状材料包括石膏块、油泥块、陶土块、泡沫块、塑料块、木块、砖块、海绵块及用纸做出的封闭几何体等。

各种材料如图15-2所示。

图15-2 材料

各种材料的连接与加工工具:连接工具(胶、回形针、图钉、橡皮筋等)、着色工具(水彩、水粉、丙烯、油漆等)、打磨工具(砂纸、锉刀等各类抛光工具)、切割工具(刀、剪、锯、切割机等)。

15.2 认识材质、感受材质

感知材料，获得材料的途径很多。

充分了解和研究同一种材质的性质特点，将同种材质的表现语言发挥到最大限度，如橡皮筋材质具有弹性、可塑性高、能打结等特点。除此之外，材料元素之间的组合关系也具有很强的表现力，如图15-3所示。纵向深入地挖掘一种材质，对发挥材料的创造力有很大的好处。

图15-3　纸材的不同表情

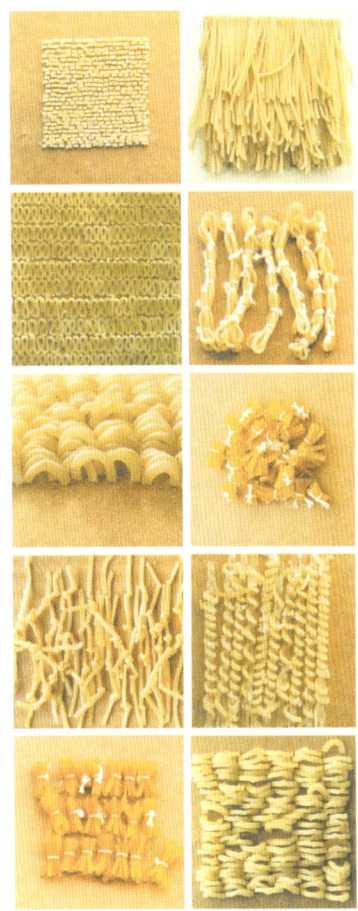

图15-4　橡皮筋材料的不同表情

15.3 教学案例

把生活中常见的橡皮筋作为同种材料，可以剪碎、弯曲、折叠、系结、打捆、叠置，如图15-4所示，呈现多种不同的新的形态。

可以把生活中废弃铅笔的笔尖、笔身或木质部分、铅芯部分分别加工再造，如图15-5所示，最大限度地挖掘原始材料的可塑性。

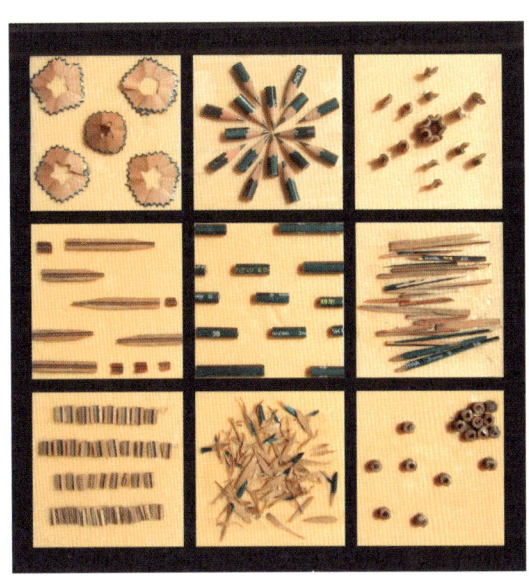

图15-5　废弃铅笔加工再造

15.4 设计思维提示

（1）发散思维法

游戏情境：曲别针（图15-6）的用途。

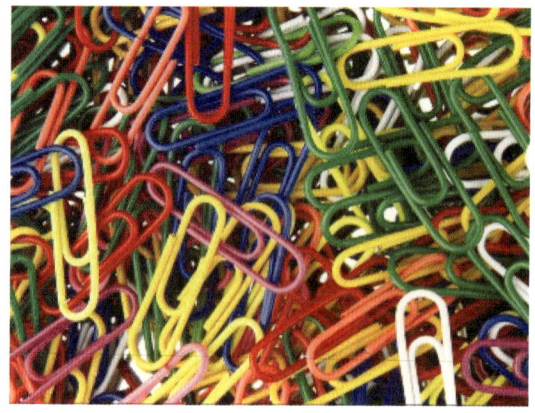

图15-6　曲别针

提示：可从剖析曲别针的颜色、体积、重量、质地、形状、性质等多方面入手。运用头脑风暴法，打破思维定式，沿着各个方向进行引申，发散出若干个枝状思路。

（2）横向思维法

横向思维法是针对纵向思维（即传统的逻辑思维）而言的一种看问题的新形式、新方法。

纵向思维通常采取理智的态度，依照逻辑关系解决问题，直至获得答案。而横向思维倾向于对解决问题本身提出多种选择方案，探求观察事物的多样性。

横向思维法一般是通过借鉴、联想、类比、充分地利用其他领域中的知识、信息、方法、材料等和自己头脑中的问题联系起来，从而提出创造性的设想和方案。

这种方法的特点是更多考虑多样可能性；注重提出新观点；着重追求丰富性；尽可能去创造和利用机会。

可以说横向思维是一种提高创造力的系统性的手段。

举一个例子：在美国一个城市的地铁里的灯泡经常被偷，窃贼常常拧下灯泡，这会导致安全问题。接手此事的工程师不能改变灯泡的位置，也没多少预算供他使用，但他提出了一个非常好的解决方案，是什么方案呢？

答案：这位工程师把电灯泡的螺纹改为左手方向或者是逆时针方向，而不再用传统的右手方向或顺时针方向。这意味着当小偷认为他们正在试图拧下电灯泡时，实际上他们反而是在拧紧灯泡。

15.5 训练操作提示

①在选择同一种材料进行多种表情的挖掘时，注意发挥材质的个性与优势。

②在挖掘材料本身的形态语言外，还要注意材料元素间的形态组合关系。

③造型上不要忽略形式美感的营造，增加触觉效果。

④设计过程中，运用横向思维、发散思维拓展思路。

⑤所有的作品都要拥有各自不同的表情与特质，形式上避免雷同，制作精良。

15.6 优秀作品赏析

优秀作品见图15-7和图15-8。

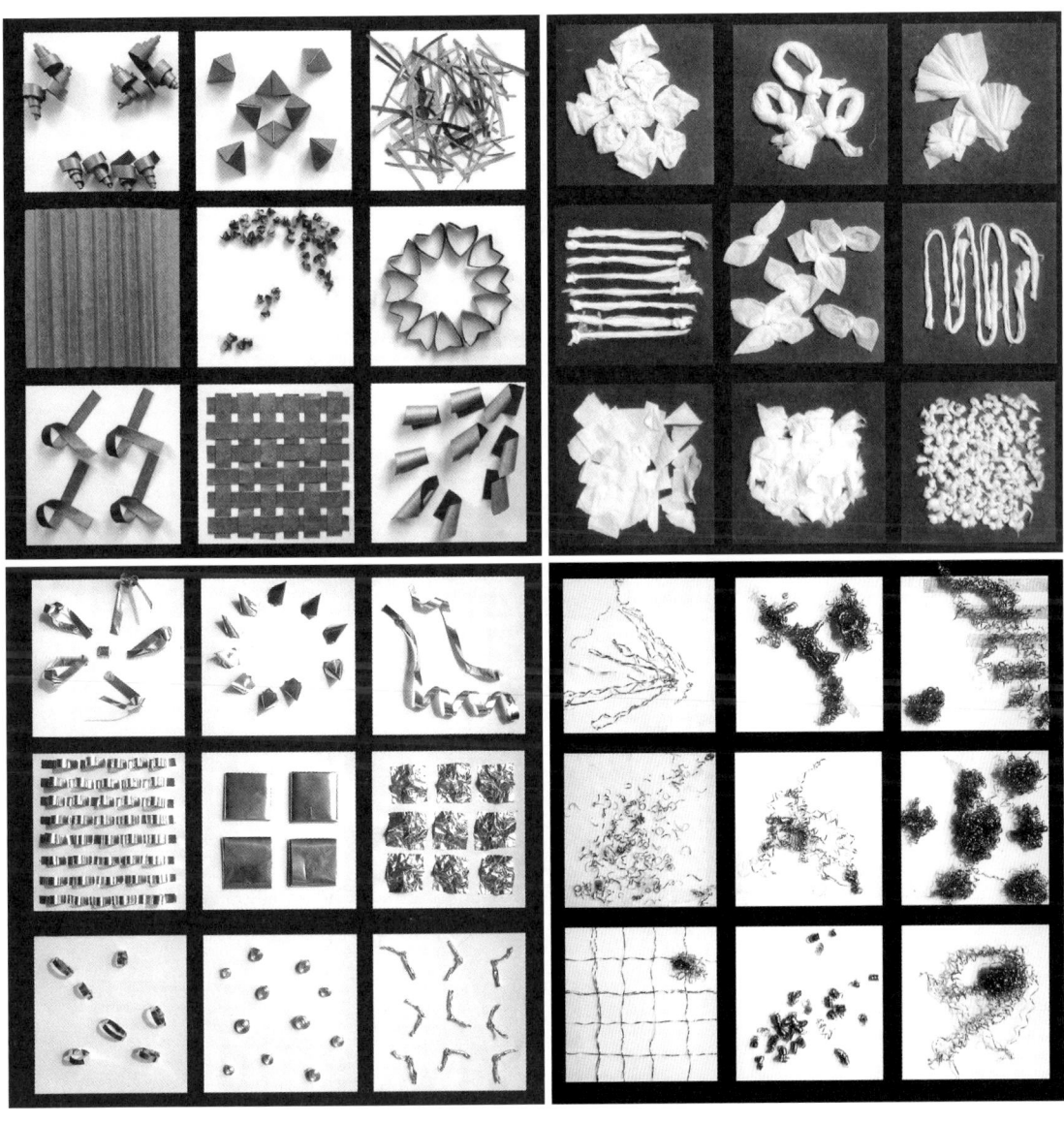

图15-7 材质的极限挑战（学生作品）

图15-8 塑料杯上的材质体验

16 课题训练 材质的置换游戏

训练内容

1. 选择一种生活中常见的物品，将其中的某一部分置换成与其毫无关联的另一种材料，使不可能变为可能。
2. 通过游戏转变思维定式，在设计过程中训练逆向思维、组合思维。

知识要点

置换游戏的意义

游戏情境

思考题、反口令小游戏

设计思维提示

组合思维法、逆向思维法

思政元素

转变观念——突破思维定式（材质替换的创意过程）

训练目的

此训练颠覆以往的惯性思维，使不敢想、没想过的事变为可能；学会用材料去思考；通过思维训练游戏，提升创意能力，感受创新思维的力量和乐趣。

16.1 置换游戏的意义

材质置换的过程是打破惯常思维，发挥主观能动性，质疑司空见惯视觉效应的过程。

从某种意义来看，置换游戏带有很强的调侃、讽刺、戏谑意味，将风马牛不相及的两种事物用全新的手段组合并置在一起，用物质的形式表现精神层面的象征意义，引发人们进行深度思索。材料作为载体，已经不只是材料，而更多体现思想的物质表现。

16.2 案例赏析

图16-1至图16-3所示是运用组合思维法、逆向思维法创作出来的作品。

图16-1 插画作品

图16-2　广告作品（1）

图16-3　广告作品（2）

图16-4所示是中国美术学院学生的优秀作品。

图16-4　材质置换作品

图16-5所示是五位艺术家专门为佛罗里达交响乐团设计的小提琴。

图16-5　小提琴

16.3 设计思维提示

（1）组合思维法

组合思维法就是把事物的各部分、各个方面和各种要素组合起来进行思考的方法，它是创造发明最常用的方法之一。

运用组合思维法进行的发明创造有很多，譬如尾部带橡皮的铅笔（图16-6），最早就是一位美国画家发明的。这位名叫海曼的画家，在创作的过程中，备受一会儿找不到橡皮、一会儿铅笔又不知去向的折磨，恼火之余，最终想出了用薄铁皮将橡皮固定在铅笔尾部的好办法。海曼申请了专利，他的智慧给他带来了财富。

图16-6 尾部带橡皮的铅笔

(2) 逆向思维法

逆向思维也称作求异思维,它是对司空见惯的、似乎已成定论的事物或观点反过来思考的一种思维方式。敢于"反其道而思之",让思维向对立面的方向发展,从问题的相反面深入地进行探索,创立新形象。逆向思维实际上就是以"出奇"达到"制胜"。因为运用逆向思维的结果,往往让人眼前一亮、豁然开朗,有茅塞顿开、意外惊喜之感。

逆向思维的特点:

① 普遍性——各领域普遍适用。

② 批判性——克服思维定式、摆脱思维僵化。

③ 新颖性——出人意料、耳目一新。

运用逆向思维发明创造、思考问题的事例有很多,例如爱迪生发明电灯时,寻找了几百种材料作灯丝都不行。有人说,你都失败好几百次了,为什么还不放弃?爱迪生的回答是,他没有失败,他知道了有几百种材料不适合作灯丝,这就是他的收获!

捕蚊灯的发明也是逆向思维的结果,通常人们的思维是用苍蝇拍主动拍蚊子,而捕蚊灯是通过吸引蚊子再将其杀死。

过去木匠用锯和刨来加工木头,都是木头不动工具动。这样做,人的体力消耗较大。为了改变这一状况,人们从工具不动、木头动的角度出发,设计发明了电刨,从而大大提高了工作效率和工艺水平,减轻了劳动强度。

生活中,运用逆向思维获得成功的例子比比皆是,因此要想拥有创新能力,首先就要学会改变直线思维,灵活运用逆向思维进行创造。

16.4 游戏情境

① 思考题:有四个相同的瓶子,怎样摆放才能使其中任意两个瓶口的距离都相等呢?

答案:把三个瓶子放在正三角形的顶点,将第四个瓶子倒过来放在三角形的中心位置,答案就出来了(三棱锥的原理)。

② 小游戏:反口令。根据口令指示,迅速说出与之相反的词汇,做相反的动作,锻炼逆向思维(可分组进行互动)。

16.5 训练操作提示

① 在游戏的过程中,充分体会逆向思维与组合思维带给自己的启示与快乐。

② 学会与小组成员分享自己的智慧与体验。

③选择材料进行设计创作时，要充分考虑作品的视觉冲击力以及置换的意义。

④给作品富于象征意义，让材料成为"会说话"的工具。

⑤构思巧妙，创意大胆独特、制作精良。

16.6 优秀作品赏析

优秀作品见图16-7。

图16-7　材质的置换游戏

课题训练 17　从平面到立体构筑三维建筑小品设计

训练内容

1. 在给定的正投影图（图17-1）上构建立体。
2. 应准确、严谨，符合投影要求。
3. 整体造型和谐、统一、有意境，如图17-2所示。

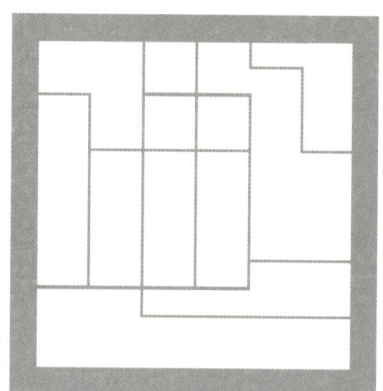

图17-1　给定正投影图

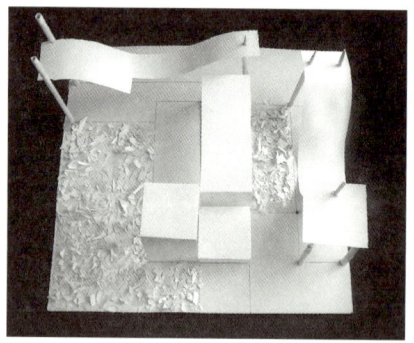

图17-2　立体造型示例作品

知识要点

立体造型的构成要素——形态、空间、色彩、肌理

正投影的基本规律

思政元素

辩证美学——构筑虚实空间（立体造型要素之一——空间）

训练目的

建立由平面向立体转换的空间意识，完成二维平面到三维立体的过渡；并在训练中学会运用造型构筑立体空间，加强形式美法则在造型中的应用。

17.1　立体造型的构成要素

艺术设计的最终结果需要通过一定的形态、空间、色彩、肌理等得以明确化、具体化、实物化。

（1）形态

对于形态来讲，无论是自然形态还是人工形态，都可以概括为点、线、面、体，从而可以系统地认识、理解和研究。

立体造型与平面造型最大的区别在于：立体造型中的形态要素是具有三维空间的实体。

立体造型中的点具有长度、宽度、深度，是实实在在的实体。

立体造型中的线是三维空间的实体，在长度、宽度、深度某一维度上占有绝对的优势时，该实体就会呈现出视觉上的线感。线不仅有粗细、长短的变化，还有软硬、曲直的差别。

立体造型中的面是在长度、宽度、深度的某两个向度中具有绝对优势的实体，它可分为直线面、几何曲面和自由曲面。

立体造型中的体，具有较强的体量感。在立体造型中，物质的体量是不可分割的相互共存关系，体是物质体积的外在表现，而量则是体所赋予人们心理上的感觉特征，它通过物体的外貌、色彩、肌理及与环境的关系来体现。体可分为平面几何体、几何曲面体、自由曲面体等。

（2）空间

在立体造型中，空间是一个非常重要，但又常常被初学者忽视的要素。

在课堂上，当老师在伸展的手中放上某一物体时，同学们对物质空间体量的存在是肯定的。而当老师把手中的物体挪开，问学生"我手中有什么"时，多数学生会说"什么都没有"，有的学生会说"有空气""有光"……几乎没有人会说"有空间"。这就是物理空间和心理空间在认知上的差别。

物理空间也可称作实空间，它是物质形态实体所限定和占有的空间，很容易被人们注意。

而心理空间也可称为虚空间，它是空间实体向四周延伸或扩张的结果，即实空间以外的空间部分。心理空间是人们对空间概念宽泛意义上的联想，它不是客观存在的，但却非常重要。它会给客观存在的实体带来场能，赋予空间实体更具生命力的意义，也可给人们留有更大的创造空间。

图17-3所示作品中的硬质线材具有一定的自身支持力，旋转排列会产生飞翔、运动、韵律、优美的感觉。同时，它的虚空间造型也非常完美，具有平衡、韵律与节奏感。

图17-3 立体造型作品

图17-4所示的螺旋楼梯即为实空间，螺旋楼梯环绕而成的中空部分即为虚空间。

图17-4 螺旋楼梯下的虚空间

（3）色彩

色彩是视觉最响亮的语言，是人们能够认知和感知到的重要视觉要素。

立体造型中的色彩具有三维形态所特有的明暗向背关系，它受材料、光线、环境等因素的影响，这是立体造型赋予它的特殊性。

三维造型的色彩主要分为两大类：物体固有的颜色和人为处理的颜色。

物体本身固有的色彩是天然、与生俱来的本色，如木材的颜色、金属的颜色、果实的颜色等，这是任何人为加工所代替不了的，如图17-5所示。

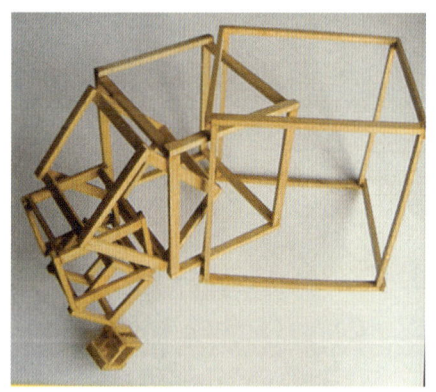

图17-5　木材的颜色

人为处理后的颜色，除了考虑色作用与形态的表现方法外，主要从生理以及心理的角度来研究色效能。如竹筷子涂绿漆，会显得悦目而张扬，如图17-6所示。

图17-6　涂绿漆的竹筷子

无论是人为色还是物体固有色的应用，都要考虑实际情况和设计意图，才能达到最佳效果。

（4）肌理

肌理是指实物表面的纹理组织结构，即各种纵横交错、高低错落、粗糙平滑的纹理变化。

人们一般是通过视觉和触觉来感知肌理的，所以肌理可分为视觉优先型和触觉优先型。视觉优先型肌理顾名思义就是以视觉为主导来感知物质材料表面的质感，如大理石的质感可通过观看大理石纹路而获得；触觉优先型肌理则不只靠观看，更是靠触摸而感知，如树木表皮的粗糙感就主要通过触摸而感知获得。通常肌理是人们对物质的视觉观察和触觉经验的综合感受，如图17-7所示。

图17-7　肌理

人们在长期生活经验的积累中，经常通过物质材料的表面肌理来判断物质的物理特性。不同的肌理会带给我们不同的心理感受。从最基本的冷、热、软、硬、光滑、粗糙，到高一层次的华丽与质朴、细腻与粗犷，再到引发特定记忆与经验的怀旧与思古等。因此，选择恰如其分的肌理来塑造作品，是设计创作的必要保证。

17.2 正投影的基本规律

当一组平行光线（投影线）垂直作用于投影面时，所产生的投影称为正投影，如图17-8所示。

平面上的一个投影点，在空间中有可能是一个点，也有可能是一条垂直于该平面的线。

平面上的一条投影线，在空间中有可能是一条平行于该平面的线，也有可能是一条倾斜于该平面的线，还有可能是一个垂直于该平面的面。

平面上的一个投影面，在空间中有可能是一个平行于该平面的面，也有可能是一个倾斜于该平面的面，还有可能是一个平行或倾斜于该平面的体或曲面，如图17-9所示。

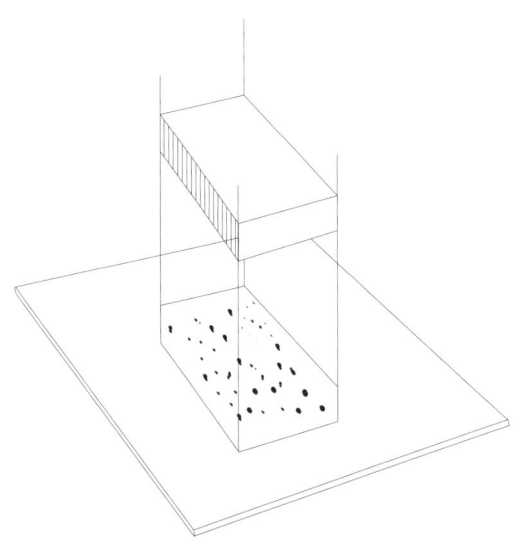

图17-8　正投影

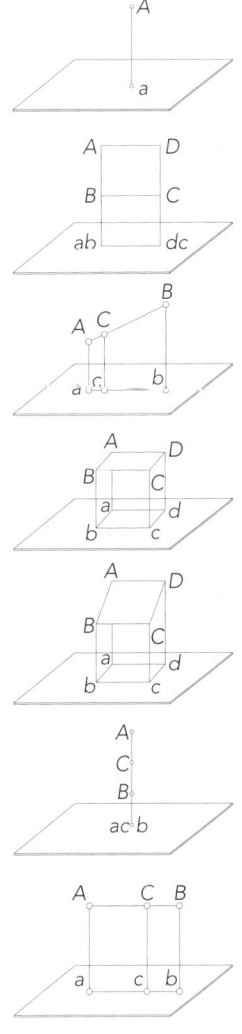

图17-9　正投影的规律

17.3 正投影案例分析

图17-10所示是三个形状完全不同的物体，在特定角度做正投影，可以得到相同的投影图形。由此可知，同一个正投影图形，可以变化出丰富多样的空间立体造型。

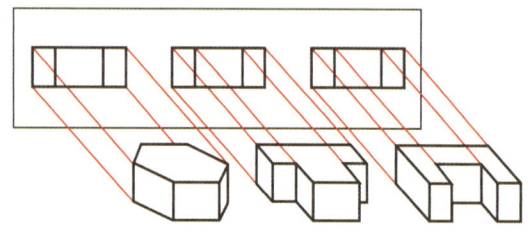

图17-10　三个形状完全不同的物体做正投影

17.4 训练操作提示

①在进行设计构思时，应重温形式美法则与规律，在满足投影要求的基础上，注意造型的形式美感塑造。

②为了控制整体造型的形式美感，可在给定的正投影图上任意改动一条投影线。

17.5 优秀作品赏析

优秀作品见图17-11至图17-17。

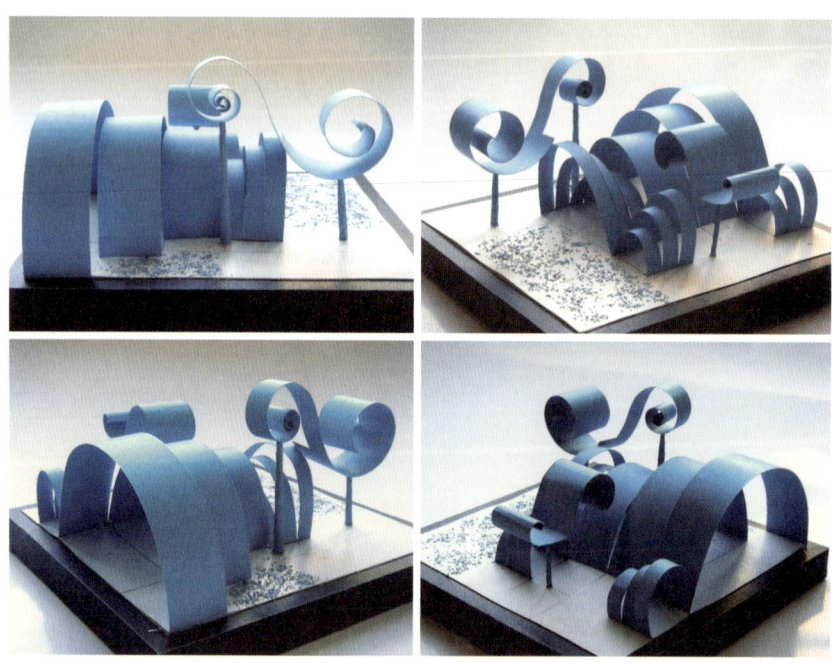

图17-11　立体造型设计（1）

第三单元　三维设计实训

 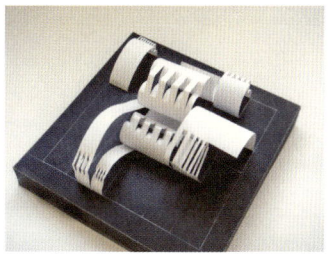

图17-12　立体造型设计（2）

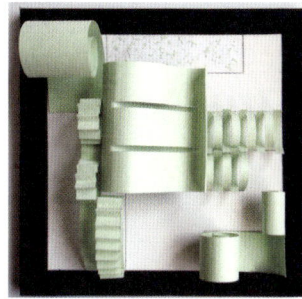  

图17-13　立体造型设计（3）

   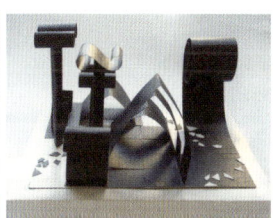

图17-14　立体造型设计（4）　　　　　　　图17-15　立体造型设计（5）

图17-16　立体造型设计（6）

图17-17　立体造型设计（7）

18 课题训练 立体意象造型设计

训练内容

1. 用点材、线材、面材、块材进行具有意象感的立体造型设计。
2. 造型应具有形式美感与意境。
3. 尺寸30cm×30cm×30cm之内。

知识要点

立体意象

形式美法则的应用

思政元素

锐意创新——综合运用形式美（立体意象训练）

致敬大师——站在巨人的肩头（赏析扎哈·哈迪德的作品）

训练目的

体会材料、形式、意境之间的关系；培养合理利用材料、运用形式美的规律表现立体意象的能力；提高造型能力及对立体感觉、意象准确表达的能力，为日后的立体造型打基础。

18.1 立体意象

所谓立体意象，就是带有一定语意的三维构象，如运用点材、线材、面材、块材等对生长感、空间感、紧张感、力量感、流动感等语意进行表达。

生长，是最具生命力的表现形式。宇宙万物中动物、植物、微生物、人类成长的每一个阶段都具有不同的表现形式，这一切都可为我们在立体形态构成中提供借鉴。三维立体中所展现的生长感是指将自然形态中具有萌出、向上伸展、扩张、延展等态势的形态，加以形式美感的组织与设计，使之成为更富有生命力的立体造型。

力量感主要指的是心理感受，是存在于形体内的生命活力，这种内应力是一种受到压迫后反弹回来的抵抗力。

形体对外力的抵抗力，实质上是由极强的内力产生的，是潜在于作品中力度、量感的强烈反映和展现。

山间溪水的流动和时钟钟摆的摆动，都可以称作流动感。它不止局限于水体等物质的流动，还包括时间与岁月的流逝。空间因时间而产生变化，成为运动的空间，因而空间也具有了流动感。三维立体中所体现的流动感,主要指视线往复来回地运动或造型所引起的视觉感受与思维想象。

18.2 形式美法则的应用

所谓形式美,就是客观事物和艺术形象在形式上的美的表现。形式与内容是一对关联词,一幅作品只具有完美的形式而内容空洞,是缺少生命力的;而只依靠内容传递信息,不讲究任何形式美感的作品,是乏味的。好的作品应该既具有创意灵魂,又具有形式美感的表现。

自然界的种种现象和人们长期生活实践积累的经验表明,美的表现形式大致可分为两大类:一类是有秩序的美,如对称、节奏、重复、统一等,它符合人们的欣赏习惯,给人一种平和、安全、稳定的感觉;另一类是打破常规的美,如对比、特异、平衡等,这种美更具有个性,给人以新奇、刺激、有趣、活跃的感受。

三维造型的形式美原理与二维设计中的形式美法则一样,也注重统一与对比、对称与均衡、节奏与韵律、比例与分割,同时还注重形式美感的简约大方、稳定与轻巧,强化美的意境与感受。

18.3 案例分析

图18-1所示的这幅作品就是典型的生长感的表达。曲线造型像是被类似牢笼一样的黑色方形空间囚禁的藤草一般,自然肆意地生长着,好似十分渴望自由,想通过拼命成长绽放出生命的价值;又像是被固有思维局限,想通过拼命生长、冲出禁锢牢笼,怒放生命的人类新思维。该作品色彩统一,有节奏和韵律之美。

图18-1 生长感(1)

图18-2所示的这幅作品是设计者用铁丝和彩色纸片做成的,好似破土而出、延展生长的藤蔓。由大及小、色彩艳丽的圆形纸片,表达了植物在成长过程中的自由、轻松、愉快。画面生长感、节奏感、律动感十足,是一幅能给人带来愉悦的作品。

图18-2 生长感（2）

图18-3所示的这幅作品名为《野火烧不尽，春风吹又生》。它好似被风吹动的一簇野草向着一个方向疯狂地成长着，彰显出旺盛的生命力。作品中的线条看似凌乱，但方向感统一，最关键的是在野草端处的红色星形，是画龙点睛之笔，使得作品更加具有色彩感和生命力。

图18-3 生长感（3）

图18-4所示是一幅力量感与结构感融合的作品。六面体的方盒子堆砌在一起会显得体量大而且闷堵，但设计者灵巧地在每个六面体上做了镂空的处理。这样的设计手法，不仅能使作品透气、灵动，每个面上的线条还使得作品更富有结构感与空间的前后层次感。这是一个在设计过程中不断优化的作品。

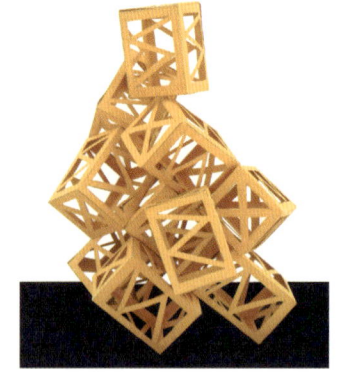

图18-4 力量感（1）

图18-5所示是一个内应力十足的作品，虽然它只是用线材构成的，但因其极强的内应力，而产生了向外扩散的张力。因其与地面的接触面积小，视觉中心在作品的上方，更加强了潜在于作品当中的力道与张力。

图18-5 力量感（2）

图18-6所示是一个灵动感十足的作品，它是采用金属丝串联了许多晶莹剔透、类似水晶或冰块的小正方体构成的作品。作品中的曲线是渐次变化的，压克力材质的正

方体也是有规律地在作品中呈现的，因此在画面中能读到节奏、韵律，甚至能联想到作品被风吹拂时产生的上下波动与灵动感。

图18-6　流动感（1）

图18-7所示的这幅作品似乎是时间凝结在了某一个节点上，流动的线条与运动着的形态充满节奏与韵律感地定格在了运动的过程当中，设计者瞬间捕获了美的真谛。

图18-7　流动感（2）

图18-8所示是扎哈·哈迪德的作品。扎哈·哈迪德被誉为建筑界的"女魔头"，她的设计遍布世界各地。扎哈的设计多以有机造型呈现，性感、激情、未来感十足，她以"打破建筑传统"为目标，不屑于把建筑都做成方盒子，她一直在实践着"让建筑更加建筑"的思想。这幅作品是一个建筑的内部楼梯，线条遒劲，力量感与流动感并存。扎哈以大胆、流动的线条与微妙、有机的形态以及生长出的几何体量，重新诠释了贯穿在建筑中的楼梯设计。这种随形和流动的建筑思维，流露出扎哈设计风格的力度、性感与未来感的个性品位。

图18-8　流动感（3）

18.4　优秀作品赏析

优秀作品见图18-9至图18-17。

 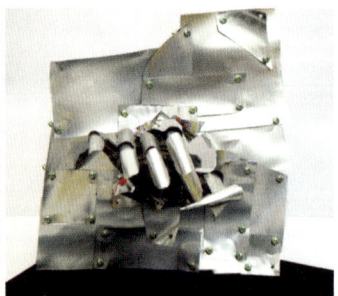 

图18-9　面材设计作品（1）

图18-10　面材设计作品（2）

图18-11　线材设计作品（1）

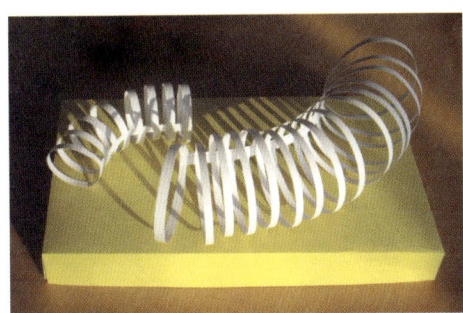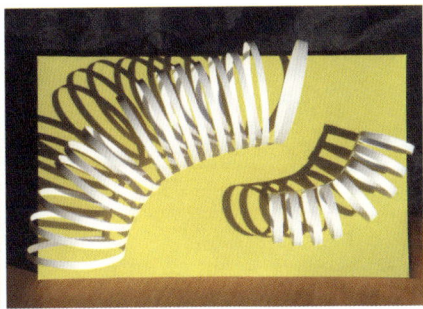

图18-12 线材设计作品（2）

图18-13 块材设计作品

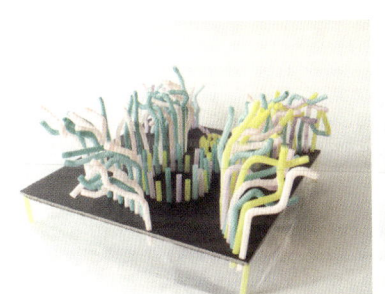

图18-14 生长感设计作品（1）

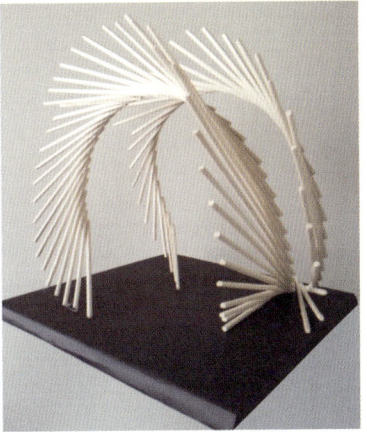

图18-15 生长感设计作品（2）　　图18-16 流动感设计作品

图18-17　立体意象造型设计（学生作品）

19 综合应用课题　PVC生活用品设计

训练内容

1. 以PVC为基本材质，设计常用的生活用品，如图19-1所示。
2. 以省钱、省材、环保为原则。
3. 结构合理、简练，设计巧妙。
4. 不得使用黏结剂；作品可拆可卸。
5. 充分表达面材特性，不做或少做表面装饰，充分发挥结构与材质美。

知识要点

PVC材质

结构、连接方式

作品赏析

设计思维提示

想象思维、打破思维定式

项目教学法、案例分析法、游戏启发法

思政元素

鼓励创新——拓展创意思维

训练目的

将立体造型与应用设计结合，解决材质、连接与结构的问题；通过实际操作，培养动手实践、方案实施应用的能力；加强节能减耗的设计意识；培养以设计为手段来改善生活的思维意识。

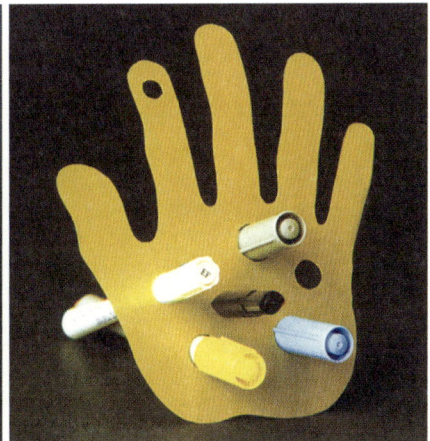

图19-1　PVC生活用品设计示例作品

19.1 PVC材质

PVC是塑料装饰材料的一种,是聚氯乙烯材料的简称。PVC面材是一种用途广泛且深受欢迎的材料。

PVC材质具有轻质、隔热、保温、防潮、阻燃、施工简便等特点。

PVC材料规格、色彩、图案繁多,极富装饰性,被广泛应用于生产和生活中。

材质优点:耐磨、防水、难燃、抗化学腐蚀、颜色悦目、制品透明、价格低廉等。

材质缺点:稳定性较弱、抗压性较弱、韧性不够强等。

19.2 结构、连接方式

从力学角度来说,结构是指可以承受一定力的骨骼形态,它可以抵抗能引起形状改变的外力。

从通用技术角度来讲,结构是指事物的各个组成部分之间的有序搭配。

这里结构可以引申为PVC材料的构架形态,即生活用品各个部位的配合与组织。

连接方式主要采用插接形式。

19.3 设计思维提示

心理学认为想象是人脑对已有表象加工改造而创造新形象的过程,因此,想象是形象思维的较高级阶段,在创新思维中发挥主导作用,也是艺术设计过程中常用的思考方式。

想象思维可以说是形象思维的具体化,是人脑借助表象进行加工操作的最主要形式,是人类进行创新及其活动的重要思维形式。

想象思维的特征:形象性、概括性、超越性。

19.4 游戏情境

①发挥你的想象力,如何用3条直线一笔划掉9个点?答案如图19-2所示。

○换种思维,你会得到这样的答案。点不仅只是一个像素、一个单位,将点作为一个具体的、有一定面积的特定的点。

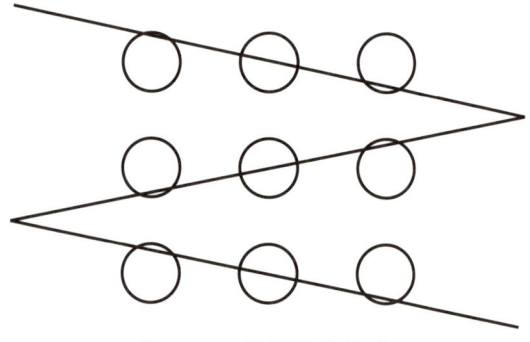

图19-2 思维游戏(1)

②如何只用一条直线连接所有的点?

○图19-3所示是运用想象思维得到的一些答案,启发学生进一步超越思维,继续想象。

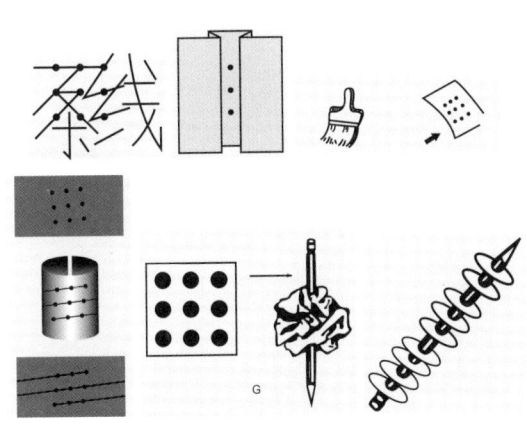

图19-3 思维游戏（2）

通过此游戏的训练，拓展想象力，导入主题。生活中常见的用品是完全可以设计的、与众不同的、充满创意的。

19.5 项目教学法

◎步骤一：明确项目任务

目的：明确具体工作任务，掌握PVC材质、结构、连接方式知识要点，了解适合表现的生活用品的种类。

内容：交代任务，准备材料，分析知识要点及难点，进行市场调研。

教学过程：

①给出题目、交代任务。

②通过小游戏，导入设计思维、设计方法、讲解知识要点。

③学生自由组合，分组搜集不同颜色的PVC面材（有软硬薄厚之分）。

④市场调研：寻找适合用本材料发挥创意的生活用品，借鉴此类市场上已有的设计作品。

能力培养：专业知识理解能力、调研收集素材能力。

◎步骤二：制定设计方案

目的：根据项目目标，确定工作步骤，分析案例，制定PVC生活用品设计方案，小组与教师讨论后，确定最终设计方案。

内容：明确主题，选定恰当的生活物品作为表现对象进行创意、形式美法则的运用，使用超越性思维——想象。

教学过程：

①案例分析（通过图片与实物作品）。

②分组研讨PVC生活用品的设计方案。

③绘制草图，确定实用性、便捷性，遵循省材省料原则。

④教师与学生互动研讨后提出建设性意见。

⑤确定最终设计方案。

能力培养：创意能力、设计能力、审美能力、方法能力。

◎步骤三：实施制作

目的：确定小组内的人员分工及小组成员间合作形式和工作程序，按照已确定的设计方案进行PVC生活用品的设计制作。

内容：注意构图按比例放样，利用工具实施制作。

教学过程：

①确定组内分工、工作程序、合作形式。

②注意构图按比例放样，确定结构与连

接方式的合理性。

③设计制作PVC创意生活用品。

能力培养：动手操作能力、方法能力、个人能力、团队合作能力。

◎ 步骤四：成果展示

目的：项目计划的工作结束后，对形成的成果即设计好的PVC创意生活用品进行展示。

教学过程：各小组展示成品。

能力培养：动手操作能力、表达展示能力。

◎ 步骤五：互动式讲评

目的：对本项目和本次工作过程进行全面性质的评价，明确每件作品的优点和需改进的地方。

内容：师生共同讨论、评判在项目工作中出现的问题、学生解决问题的方法及学生的学习行为特征，及时调整与改进。

教学过程：

①学生自评。

②同学互评。

③教师对项目工作成果总评。

能力培养：语言表达能力、解析能力、审美能力、逻辑判断能力。

◎ 步骤六：撰写工作报告、归档

目的：对整个工作过程进行梳理，将感受、体验升华为理性知识，教师归档。

内容：感想、体验、收获、不足、发展方向。

媒体：文字书写工具。

能力培养：文字表达能力、方法能力、归纳概括能力。

19.6 优秀作品赏析

优秀作品见图19-4。

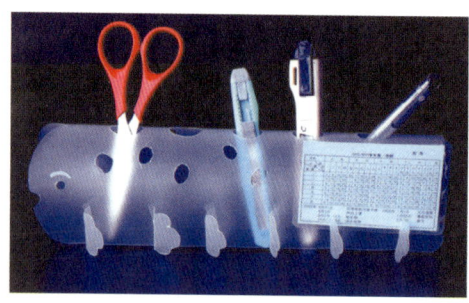
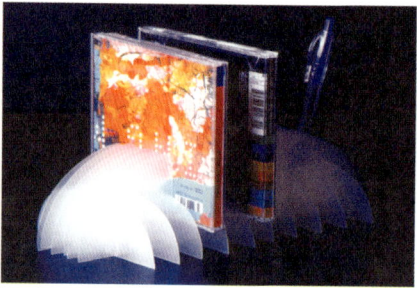

图19-4　PVC生活用品设计

145

20 综合应用课题 灯具造型设计

训练内容

1. 进行市场调研，确定所要采用的光源和参与遮光造型的材料。
2. 根据遮光材料的性质与特点，运用形式美的法则进行灯具造型。
3. 合理地控制光线，营造意境与气氛。

知识要点

造型的目的
光源的种类
遮光材料
眩光的控制
造型方法与风格

设计思维提示

发散性思维（材料、遮光方法）、工作过程

思政元素

锐意创新——综合运用形式美（灯具造型创意）

精益求精——培养工匠精神（灯具造型制作）

训练目的

将二维设计、色彩设计、三维设计中所学到的知识，融合到光造型的综合设计中；学会寻找合适的材质，有效地控制光线，运用形式美的法则进行灯具造型；体会光线、材料与造型之间的作用；加强对材质的进一步认识；提高运用形式美造型的能力；拓宽视野，使设计与应用完美结合，造就设计成就感。

20.1 造型的目的

灯，无疑是人类历史上最伟大的发明之一。随着灯具业不断向前发展，各种功能、色彩和形状的灯具不断出现，不仅满足了人们日常生活的需要，而且成为一种重要的装饰和烘托气氛的手段。从某种意义上说，光线是房间的灵魂，灯具是空间的点睛之笔。

灯具造型的目的在于利用一定的材料、形式进行遮光，使光线对人的眼睛不至于造成眩光。灯具造型是通过遮光材料与光源之间的结合产生透射、漫射、反射等物理特性，从而塑造光线的强弱、虚实、明暗、浓淡、色调及轮廓界面的各种变化，进而营造环境艺术氛围的一门艺术。

20.2 光照明的适用范围

光照明包括户外照明与室内照明。

户外照明包括城市园林照明、桥梁照明、厂矿照明、交通照明等。

室内照明包括家居照明、酒店照明、餐饮照明、产品展示照明、娱乐场所照明、医疗照明、舞台照明等。

20.3 灯具的分类

室内灯具包括吸顶灯、轨道灯、射灯、筒灯、吊灯、壁灯、落地灯、台灯、防水灯、镜前灯、壁柜灯、过道灯等。

20.4 光源的种类

光源类别包括白炽灯（暖色15～200瓦）、小型彩色灯泡、荧光灯（冷色）、镭射灯、霓虹灯、LED光导纤维等。

20.5 遮光材料

可以对光源产生遮挡、光照损失小、无眩光、耐热安全的材料，均可作为灯具的遮光材料使用。

遮光材料可利用玻璃、金属、木材、PVC塑料、合成材料、藤条、树皮、羊皮、纸材、有机玻璃块等各类材料，如图20-1至图20-6所示。

本课题建议采用发散性思维考虑灯具的遮光材料与遮光方法。

图20-1　羽毛灯

图20-2　桦树皮灯

图20-3　羊皮树枝灯

图20-4　磨砂树脂灯

图20-5　纸艺灯

图20-6　PVC材质灯

20.6 材料的光学性质

当光线射到表面光滑的不透明材料如镜面、不锈钢、抛光铝时，会产生定向反射的反射光。

当光线射到不透明的粗糙表面如粗木材、砂石时，会产生非定向反射的漫射光。

当光线射到表面透明的材料如透明玻璃、透明塑料时，会产生直接透射光。

当光线射到表面半透明的材料如毛玻璃、玻璃纤维时，会产生非定向的散射光、漫射光。

20.7 眩光的控制

合理地设计遮光灯罩，可以避免眩光的出现。通常灯罩的遮挡角与保护角之和为90°即可，遮挡角的标准各国规定不一，一般为60°～70°，这样保护角应为20°～30°，如图20-7所示。

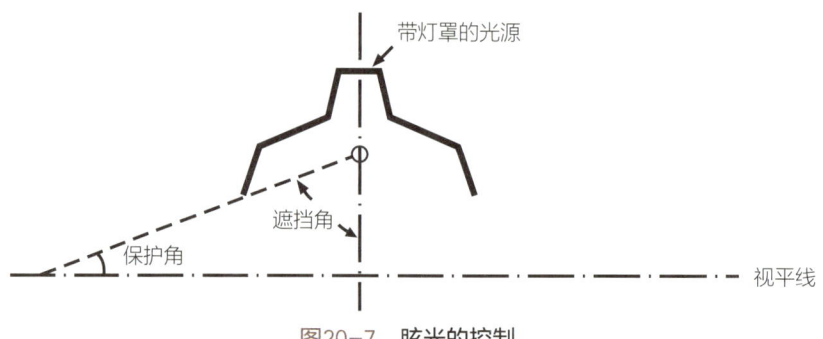

图20-7　眩光的控制

20.8 造型方法与风格

光造型可运用抽象的点材、线材、面材、块材或几何形造型进行具有形式美感的塑造，以充分体现材质美，创造温馨、浪漫、个性、时尚的艺术气氛，如图20-8至图20-11所示；也可将自然界中的具象形态进行概括的抽象化表现，以营造柔和、可爱、童趣的空间气氛；也可通过各种手段塑造古朴、田园、新奇、另类的艺术氛围。总之，较强的光线令人精神振奋，柔和的光线使人轻松，幽暗的光线令人专心并带有神秘感。

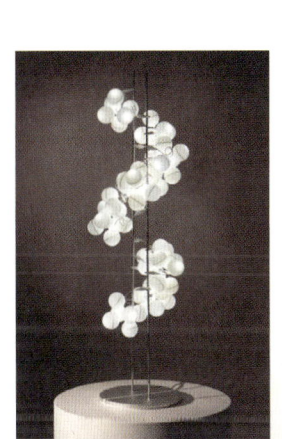

图20-8 点材造型灯

图20-10 面材造型灯

图20-9 线材造型灯　　图20-11 块材造型灯

20.9 优秀作品赏析

优秀作品见图20-12,更多作品可扫描二维码查看。

图20-12 灯具造型设计

21 综合应用课题 瓦楞纸椅子设计

训练内容

1. 分组制作，2~4人为一组。
2. 充分了解材料的性能，进行结构设计，所设计的椅子能承受设计者自身的重量。
3. 不得用铁钉和黏结剂，椅子能自由拆卸。
4. 结构巧妙、具有形式美感，如图21-1所示。
5. 在满足上述条件外，用纸板量最少的小组获胜。

知识要点

瓦楞纸的材质特点分析

结构

连接方式

设计思维提示

项目教学法

图21-1 瓦楞纸椅子设计示例作品

思政元素

珍爱自然——使用再生资源（瓦楞纸材质）

敬畏自然——发现自然之美（结构）

锐意创新——综合运用形式美（瓦楞纸椅子造型设计）

精益求精——培养工匠精神（瓦楞纸椅子的放样与制作）

训练目的

将立体造型与应用设计结合，合理有效地解决材料连接与结构承重的问题；具备一定的造型能力、审美能力；通过实际操作，提高动手实践能力；培养将设计方案实施应用的能力及解决问题的能力；培养利用回收材料进行再创造的意识及团队合作的精神。

21.1 课堂互动环节
——瓦楞纸的材质特点分析

纸质怎样？厚、薄？粗糙、细腻？——纸质厚、较粗糙。

单层、多层？共几层？断面的结构怎样？——多层瓦楞结构，有回弹张力、防震功能强。

哪个向度上的承重力较强？——纵向的支持力强，可切割。

哪个向度上的承重力较弱？——横向的支持力弱，可折叠。

还有何优点？——易于回收、再利用、廉价、环保、轻巧。

是否有利于加工？——具有可塑性、易于加工等。

有何缺点？——不耐水；材质与木材、石材、金属相比硬度较弱；耐久性稍弱。

21.2 课程思政——生态与环保观

若因创造或制造而使自然受损，且损耗远远大于制造物本身为社会和人类所带来的价值，那么，此制造行为应马上予以制止；反之，若制造物不但未使自然受损，反而还能缓解社会压力，则应大力鼓励与推广。

21.3 结构

结构是三维造型中形与形之间的构建骨骼，对造型视觉效果的改变有着重要影响。所谓结构，就是指三维造型中各种材料相互联结和作用的方式。三维造型总是由材料按照一定的结构形式组合起来形成一个空间立体，所以结构与材料密切相关。任何结构的构筑都要依靠一定的材料，材料是三维造型的物质承担者，而结构则是支撑三维造型的灵魂。

结构普遍存在于自然界的所有事物中，

小到生物细胞，大到天体星球。试想一下，为什么那么纤细的蜘蛛网能抵御大自然无情的狂风暴雨呢？首先，蛛丝这种生物材料是一种有黏性的蛋白质材料，有些蛛丝的强度比同等重量的钢丝还要强，弹性韧性也较高；另外，蛛网既透风、又透雨，可谓"风雨无阻"的特殊结构，也造就了它的稳定与牢固，如图21-2所示。

图21-2　蜘蛛网的结构

大自然赐予我们的另外一个美好事物的例子就是鸡蛋，如图21-3所示。椭圆的外形是最美的自然形态之一，它具有方便生产的功能；蛋壳材料为碳酸钙，具有良好的硬度和防护作用；蛋壳上密布的气孔便于透气，可为壳体提供充分的氧气；流动的蛋白起着缓冲，以免蛋黄受到损伤的作用。这种结构何其精妙，正如庄子所说"天地有大美而不言"，这需要我们在日常生活中多留意、多感受、多体会。

椅子是可为人们提供休息的、可坐倚的工具，可以延伸为凳子、马扎、沙发等。那么它有什么样的结构呢？

21.4　课堂互动环节——利用发散性思维思考椅子的结构

靠背——可有、可无；直面、曲面等。

椅座——直面、曲面；圆面、方面、三角面；S形曲面、凹曲面、凸曲面等。

椅腿——有腿、无腿；一条腿、两条腿、三条腿、四条腿、数条腿等。

与地面接触方式——面与面接触、面与点接触、面与线接触（封闭的线、不封闭的线）等。

扶手——可有、可无；直面、曲面；方面、棱柱等。

21.5　连接方式

连接在三维造型中主要指部件与部件之间的关系。它具备两个功能特点：一方面是

图21-3　鸡蛋的外形

支撑结构，另一方面是造型手段。连接方式很多，概括起来大致有四类：滑接、刚接、铰接、插接。

（1）滑接

滑接是靠构件之间的摩擦和自重相互连接，可以在构件的接触面上自由滑动或滚动。比较典型的例子是轨道型连接，如抽屉借助凹槽轨道和滑轮进行滑接；又如真空吸力连接（图21-4）、尼龙拉扣连接等。

图21-4　真空吸力连接

特点：构件之间相对独立，可以靠摩擦力和自重相互连接；分离时，构件与构件之间的损伤度很小。

（2）刚接

刚接是材料之间完全结合为一体、牢牢固定的连接方式。刚接的连接方式有：焊接（图21-5）、熔接、铆钉连接、黏结剂胶接、水泥熔铸等。

特点：非常牢固、不可拆卸，但当整体中的某个点受到压力时，将会影响整体构造。

图21-5　格尔金以焊接为连接手段的作品

（3）铰接

铰接是一种结构比较复杂，能产生较强牢固度的连接方式，如图21-6所示。这种形式表现为构件可以绕接点改变方向，但对接点的加工精度要求很高，如日常生活中我们使用的翻盖式手机、金属手表带、门合页等。

图21-6　铰接

另一种形式表现为构件相互铰接咬合，不能随意脱开，但必要时，可以将构件拆分。最为典型的例子就是明式家具和中国古典建筑中的榫卯结构以及俄式木刻楞房屋的结构等。

特点：结构较为复杂，铰接咬合的牢固度强，但在需要时能将构件拆分，并且构件之间无损伤。

（4）插接

插接是连接方式中最常见的一种形式，是构件之间相互交叉、咬合所形成的结构关系，如使用扑克牌构成的插接形式，如图21-7所示。

★**课堂快题** 两纸片的连接方式。请同学在5分钟之内，将两片纸用尽可能多的方式进行连接。

21.6 案例赏析

图21-8所示是赫尔辛基图书展览会上的场景。这些用瓦楞纸制作的桌椅既有使用价值，又在无声地宣扬生态、环保意识。这堵利用瓦楞纸制作的隔断墙将人们休息的空间与展览空间进行了功能分隔，既有装饰美感，又有实用功能，最关键的是它的成本非常低，非常适用于短期展会这种特殊场合进行一次性使用。

瓦楞纸制作的产品被应用到生活中的许多领域，如办公领域、生活领域、艺术品领域等，如图21-9所示。

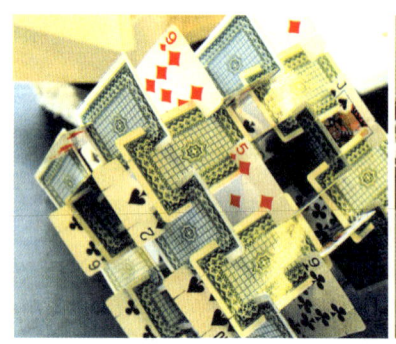
图21-7 利用扑克牌构成的插接形式

图21-8 瓦楞纸的应用（1）

（a）瓦楞纸应用在家具中

(b)瓦楞纸应用在艺术品中

图21-9　瓦楞纸的应用（2）

21.7　项目教学法

项目教学法的工作过程如图21-10所示。

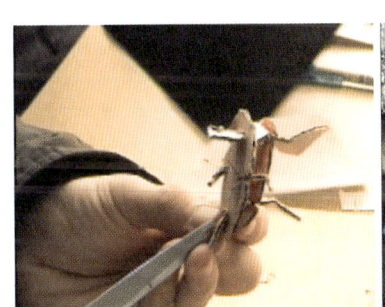

图21-10　项目教学法的工作过程

◎ 步骤一：明确项目任务

目的：明确具体工作任务，掌握设计与制作瓦楞纸椅子的知识要点。

内容：交代任务，分析材质特性，讲解结构与连接方式。

教学过程：

①给出题目、交代任务。

②课堂互动，知识要点的讲解，课堂快题。

③学生自由组合形成团队，分组搜集材料。

能力培养：专业知识理解能力、收集素材能力。

◎ 步骤二：制定设计方案

目的：根据项目的目标，确定工作步骤，制定瓦楞纸椅子的设计方案，并与教师分析讨论后，确定最终方案。

内容：瓦楞纸椅子的造型、连接方式、承重能力、形式美感等方面的设计。

教学过程：

①分组研讨瓦楞纸椅子的设计方案。

②绘制草图、制作小样稿。

③教师与学生研讨、提出改进意见。

④最终设计方案的审核与敲定。

能力培养：创意思维能力、设计方法能力、审美能力。

◎ 步骤三：实施制作

目的：确定小组内的人员分工及小组成员间合作形式和工作程序，按照已确定的设计方案进行瓦楞纸椅子的制作。

内容：按比例放样，利用现有工具与自制工具实施制作。

教学过程：

①确定组内分工、工作程序、合作形式。

②按比例放样。

③瓦楞纸椅子的制作。

能力培养：动手操作能力、方法能力、个人能力、团队合作能力。

◎ 步骤四：成果展示

目的：项目计划的工作结束后，对形成的成果即瓦楞纸椅子进行展示。

内容：瓦楞纸椅子的造型、连接方式、承重能力、形式美感、制作工艺等。

教学过程：

①各小组展示成品。

②瓦楞纸椅子的拆卸与拼装。

能力培养：动手操作能力、表达展示能力。

◎ 步骤五：互动式讲评

目的：对本项目和本次工作过程进行全面的评价，明确每件作品的优点和需改进的地方。

内容：师生共同讨论、评判在项目工作中出现的问题、学生解决问题的方法及学生的学习行为特征。通过对比师生的评价结果，找出造成评价结果差异的原因，以便调整与改进。

教学过程：

①学生自评。

②同学互评。

③教师对项目工作成果总评。

能力培养：语言表达能力、解析能力、审美能力、逻辑判断能力。

◎ **步骤六：撰写工作报告、归档**

目的：通过对整个工作过程的梳理，将感受、体验升华为理性知识，教师归档。

内容：感想、体验、收获、不足、发展方向。

媒体：文字书写工具。

能力培养：文字表达能力、方法能力、归纳概括能力。

21.8 训练操作提示

①对于本课题，大多数学生的作品均能满足设计要求，最终的差异通常在造型的美感和纸板的用量上。简洁、美感、有效的造型，势必不是堆砌而成的，美好的造型应以简约合理的结构形式来体现。

②材料工具：除使用工业包装瓦楞纸、裁纸刀、直尺等工具外，还可使用各种自制的工具，如切圆、切边、切缝工具等。

③本课题以小组的形式完成，目的在于锻炼学生们的团队合作能力。

21.9 优秀作品解析

图21-11所示为瓦楞纸制作的摇椅。为了使椅子既能承重，又能摇起来，设计者将椅子与地面接触的位置用插接的瓦楞纸片细密、间隔一致、有节奏地排列；而向上连接椅背的这些瓦楞纸片，因其不需要承重，只起连接作用，所以间隔较大，并呈现渐变的关系。这些设计的细节处理，使得这把椅子既能满足功能的需求，又具有形式美感。椅面的处理是U形瓦楞纸与椅子侧面的四片瓦楞纸插接咬合，达到了看上去规整、坐上去舒适的效果，使其成为一把与众不同、标新立异的椅子。

图21-11 摇椅（1）

图21-12所示也是一款摇椅，它与上一把椅子不同的是：椅面线条更加流畅，更符合人体工程学原理；同时，摇椅底部的设计更有特点，摇椅弧度的两端设有收弧和支撑，这使得底部处理得更为细致和人性化；为了使摇椅的承重更加稳定，设计团体将三张瓦楞纸并列重叠承重，达到了预期的目的。这是一款非常成功的作品。

图21-13所示是一款深受孩子们喜爱的长颈鹿椅，设计者的初衷是做一把有趣的椅子。设计者在研讨方案时，决定采用仿生设计。为了承重效果好，并能满足鹿腿的造型需要，设计者使用了六片瓦楞纸作为支撑，这既满足了承重需要，又能满足造型灵动、轻巧的需求。

   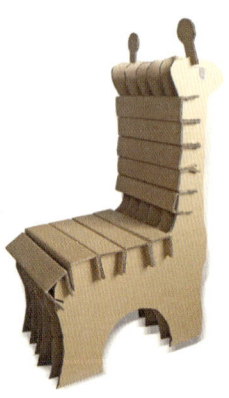

图21-12　摇椅（2）　　　　　　　　　　　　　　　图21-13　长颈鹿椅

图21-14所示也是一款利用仿生设计制作的椅子——鹿椅。梅花鹿的造型形象、生动、惟妙惟肖，最关键的是它的承重效果极好。

图21-14　鹿椅

图21-15所示是一款瓦楞纸躺椅，虽然瓦楞纸板使用量较大，但能满足躺卧的功能，它也是在瓦楞纸椅子基础上做的新的设计尝试与设计拓展。这款设计由于它是采用等间距纵横十字交叉的插接形式，所以它的承重非常好，造型也美观、大气。

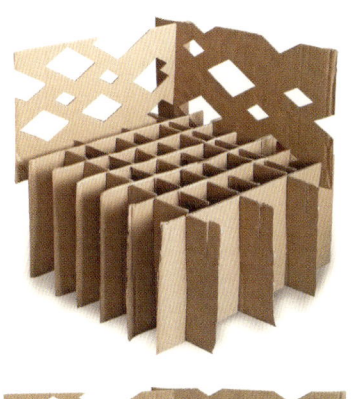

图21-15 躺椅

图21-16所示是一款背靠背座椅，采用面与面插接的形式，能承受两人同坐的重量。设计者为了使造型看上去更加轻盈，并且不影响承重，就将纵向瓦楞纸板底边的中间部分挖空，达到了预期目的。

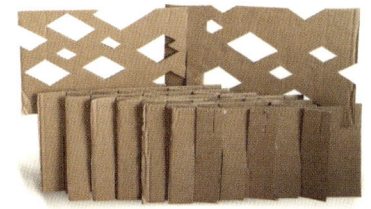

图21-16 背靠背座椅

图21-17所示是一把神奇的魔术椅。设计者的灵感来自平行四边形这个元素。它的独特之处在于，它在面与面插接咬合的基础上可以进行折叠。折叠后的椅子非常节省空间；展开后的椅子结构鲜明，坐起来也能满足承重需要。

图21-17 魔术椅

21.10 优秀作品赏析

优秀作品见图21-18。

图21-18 瓦楞纸椅子设计(学生作品)

22 综合应用课题 再生资源创新设计

本应用课题出自中国建筑学会室内设计分会举办的"设计再造"绿色生活艺术创意展。

训练内容

1. 利用可回收材料及再生资源，设计制作一件赋能新价值的作品。
2. 设计作品具有形式美感与意境。
3. 设计制作精良。

思政元素

珍爱自然——使用再生资源

锐意创新——赋能作品新价值

精益求精——培养工匠精神

22.1 活动宗旨

"设计再造"绿色生活艺术创意展，是一次创意动员、一次设计体验、一项公益推广，也是一次低碳行动、一种生活方式的倡导。什么是"设计再造"？"设计再造"是指将生活中旧的或废弃的材料或物品作为原料，进行再设计赋予它新的生命，使其成为一件生活中实用或有价值的物品。

22.2 评选标准

（1）作品评选标准

创意理念：强调准确地把握和反映本次活动的主题；作品具有原创性。

艺术表现：作品的视觉效果具有极强的艺术表现力和感染力；作品表现手法不落俗套。

实用价值：具有可推广性；有一定的低碳与节能减排效果。

（2）分值标准

创意理念：30分。

艺术表现：30分。

实用价值：40分。

22.3 优秀作品赏析

"设计再造"的优秀作品见图22-1至图22-8。

图22-1　用开心果壳做的装饰盘　　图22-2　棉签挂饰　　图22-3　用钢丝和毛线做的月亮灯

图22-4　纸塑城堡灯　　图22-5　纸材灯球

作品名称：再生相机
作者：杨欣然
材料：快递盒、胶带、剪刀、卡纸、颜料
设计理念：利用可再生物制作一个可再生画相机，画面可换，代表着合理利用再生物，世间美景永不定格。

图22-6　可再生画相机

图22-7　作品《花语·花韵》组图

第三单元　三维设计实训

图22-8　作品《潮·巢》组图

参考文献

[1] 张波. 设计思维训练[M]. 长沙：湖南大学出版社，2008.

[2] 刘会容. 平面构成教程[M]. 成都：四川人民出版社，2006.

[3] 林家阳. 设计色彩[M]. 3版. 北京：高等教育出版社，2014.

[4] 陈立勋，叶丹. 三维造型基础[M]. 哈尔滨：黑龙江美术出版社，2006.

[5] 王欣，王鑫. 创意思维与设计[M]. 武汉：武汉大学出版社，2008.

[6] 陈楠. 平面设计与色彩[M]. 南昌：江西美术出版社，2005.

[7] 王雪青，郑美京. 三维设计基础[M]. 3版. 上海：上海人民美术出版社，2011.

[8] 王雪青，郑美京. 二维设计基础[M]. 上海：上海人民美术出版社，2005.

[9] 孙彤辉. 平面构成[M]. 武汉：湖北美术出版社，2004.

[10] 余昌冰，廖雨注. 立体构成[M]. 3版. 武汉：湖北美术出版社，2008.

[11] 张波，于湘萍. 色彩构成[M]. 哈尔滨：黑龙江美术出版社，2005.

[12] 白雪竹，李颜妮. 互动艺术创新思维[M]. 北京：中国轻工业出版社，2007.

[13] 朱大叶. 视觉语言丛书·三木健[M]. 南宁：广西美术出版社，1999.

[14] 陈楠. 平面设计与材料应用[M]. 南昌：江西美术出版社，2005.

[15] 靳埭强. 视觉传达设计实践[M]. 上海：上海文艺出版社，2005.

[16] 王绍强. 设计形式[M]. 广州：岭南美术出版社，2002.

[17] 王绍强. 版式设计风格化[M]. 南宁：广西美术出版社，2004.

[18] 汪芳. 平面构成教程[M]. 杭州：浙江人民美术出版社，2004.

[19] 肖勇. 2006国际视觉设计[M]. 北京：中国青年出版社，2006.

[20] 周至禹. 思维与设计[M]. 2版. 北京：北京大学出版社，2016.

[21] 谷彦彬. 设计思维与造型[M]. 长沙：湖南大学出版社，2006.

[22] 俞爱芳. 立体构成教程[M]. 杭州：浙江人民美术出版社，2004.

[23] 储婷. 昆虫计：中央美术学院城市设计学院实验教学[M]. 北京：中国纺织出版社，2006.

[24] 伍立峰. 设计思维实践[M]. 上海：上海书店出版社，2007.

[25] 王健. 创新启示录：超越性思维[M]. 上海：复旦大学出版社，2005.

[26] 凯瑟琳·费舍尔，比尔·加德纳. 21世纪超级标志设计2[M]. 何积惠，张安平，译. 上海：上海人民美术出版社，2005.

[27] 戈洪. 新平面[M]. 南京：江苏美术出版社，2008.